技术创新经营与发展路径

马康 马骁 著

西南交通大学出版社
·成都·

图书在版编目（CIP）数据

技术创新经营与发展路径 / 马康，马骁著. -- 成都：西南交通大学出版社，2025.1. -- ISBN 978-7-5774-0219-2

Ⅰ.F273.1

中国国家版本馆 CIP 数据核字第 20246H7S23 号

Jishu Chuangxin Jingying yu Fazhan Lujing
技术创新经营与发展路径

马 康　马 骁　著

策 划 编 辑	黄庆斌
责 任 编 辑	赵永铭
封 面 设 计	GT 工作室
出 版 发 行	西南交通大学出版社 （四川省成都市金牛区二环路北一段 111 号 西南交通大学创新大厦 21 楼）
营销部电话	028-87600564　028-87600533
邮 政 编 码	610031
网　　　址	https://www.xnjdcbs.com
印　　　刷	成都蜀通印务有限责任公司
成 品 尺 寸	170 mm × 230 mm
印　　　张	11
字　　　数	170 千
版　　　次	2025 年 1 月第 1 版
印　　　次	2025 年 1 月第 1 次
书　　　号	ISBN 978-7-5774-0219-2
定　　　价	48.00 元

图书如有印装质量问题　本社负责退换
版权所有　盗版必究　举报电话：028-87600562

行业专家联合推荐

颜明峰：

习近平总书记提出"新质生产力"概念，新质生产力重点在于创新与产业的融合发展，这也是我国科技创新要解决的重要问题。企业是创新的主体，是产业链重要组成部分，本书聚焦"创""营"，提出推进企业创新经营模式及相关路径，内容十分丰富，很好地呼应了政策导向，对企业创新主体作用发挥具有促进意义。

作为一名技术转移从业人员、技术交易场所的管理人员，我在阅读中收获颇多，特向企业经营管理人员、技术转移从业人员推荐。

（颜明峰，上海技术交易所总裁，上海市技术市场协会会长。曾任国家技术转移东部中心执行总裁，上海杨浦科技创业中心有限公司副总经理。上海市科技创新创业服务先进个人、上海市劳动模范、全国五一劳动奖章获得者，2021年度张江杰出创新创业人才。作为上海技术交易所的带头人，其专注于科技成果转化、技术交易领域，搭建平台，汇聚服务资源，推动服务标准化，引领行业发展，确立以"国家知识产权和科技成果产权交易机构"为发展目标。）

丁爱华：

本书作者直接操刀国家重要科研院所技术创新管理、内设技术转移机构建设、技术转移集团化运营30年，亲自培育数十家创新型企业，建立多个国家级创新服务平台，整合创新资源之广泛、尝试创新模式之复杂、培养各类人才之众多、付出心血汗水之艰辛，难以用笔墨一一表述。更难能可贵的是，作者在亲身实践的同时，进行了总结和提炼，凝结成技术创新经营模式、企业创新发展模式和团队培养方法之精华，对从事技术创新管理、技术转移服务的相关人员，有着重要的借鉴意义，是一本难得的好书。

（丁爱华，国家军民两用技术交易中心负责人。1991—2007年，酒泉卫星发射中心，上校、高级工程师、航天测控专家、总装"1153"人才库学术带头人，参与多种型号导弹飞行试验、载人航天工程等任务，获得军队科技进步一等奖、二等奖、三等奖多项。2007年后，先后在中物院技术转移中心、国家军民两用技术交易中心，从事军工院所科技项目运作、成果转移转化和创新创业服务等工作。绵阳市建党100周年优秀党员、退役军人就业创业之星、四川省全面创新改革试验先进个人。）

林松：

"老骥伏枥，志在千里"，本书作者躬耕于科技创新与成果转移转化领域30余载，是孜孜不倦的科技工作践行者，也是敢为人先的科技创新探索者，更是培育后来者的师表。真正做到了择一事，终一生，不为繁华易匠心。

如今，科技创新与转化再次迎来春天的繁茂之际，作者将30余载的从业经历凝练萃取，如涓涓细流，汇此大作。此书着墨于技术创新、企业创新和科创人三个篇章，剖析总结科技成果转移转化路径，发展模式和能力结构，深入浅出，意味深长，是技术经理人值得收藏的佳作。

科技创新与成果转化之路道阻且长，愿每一个技术经理人都能博学之，审问之，慎思之，明辨之，笃行之！

（林松，国家技术转移西南中心副主任，高级工程师。多年从事科技管理与技术转移工作，作为项目负责人参与多个省部级科研项目的组织和实施，于2014年获得"四川省科技进步三等奖"，2016年被评为"四川省投资促进先进个人"，2020年被评为"四川省全面创新改革先进个人"。促成多个项目转化落地。牵头建立区域科技成果转移转化公共服务平台和国家技术转移人才培养基地（西南）。多次参与省、市成果转移转化重要文件的起草及相关行业报告的撰写。）

倪浩：

"三十年来寻剑客，直至如今更不疑"——这是我拜读马康先生大作后脑中浮现的诗句。当前产业发展主旋律由增量竞争转向存量竞争，在经济迈向高质量发展的背景下，科技成果转化工作作为支撑科技创新资源转化为新质生产力的最高效路径，如何重视都不为过。然而，由于种种原因，科技成果转化体系乃至整个产业生态体系的运作仍然存在许多堵点难点，其中一个本质性的原因就在于相当部分从业者在认知层面仍囿于单点化、片段式的思维，导致科技成果转化协同的链条迟迟无法有效运转，在难以满足产业升级发展的同时也导致从业者收益难以吸引和支撑足够多的高素质人才进入行业。而本书作者以自身30年的研究与实践经验为基础，凝练出了以技术创新经营为核心的科技成果转化路径，并形成了点线面结合模式，突破了单点式的思维定式，为从业人员指明了以技术经营为主线而联动各方资源的工作方向，全面剖析了科技成果转化的业务生态，还从技术经营的视角深度总结了创新型企业的发展路径。更为难能可贵的是，作者对人才培养的高度关注与无私地分享，以多年沉淀的心得为行业后来者的个人修炼与团队建设点亮了指路明灯，也让本书成为科技成果转化领域不可多得的佳作。朋友们，让我们做好准备，共享这智慧的馈赠吧！

（倪浩，博士科技创始人兼总裁、广东博士创新发展促进会秘书长、广东现代电子服务研究院常务副院长。倪浩先生长期致力于科技服务业研究与推广工作，将博士俱乐部发展成国内规模最大的科技智库之一，为区域科技创新产业生态建构提供专业的智力资源。创造性地提出"科技顾问"与"科创生态"体系，为企业的创新活动提供专业化顾问服务，为我国科技创新生态体系的聚合与进化，开辟了一条独具特色的发展之路。）

张德震：

欣闻马康先生新书付梓，回顾自己曾有幸多次聆听先生授课分享、提前拜读先生文稿，深感用心流淌出来的感言诚意，毫无保留！更知用三十年坚守探索得来的思想宝库，弥足珍贵！值得被更多有志后继者品读和借鉴。

先生新书回顾自己三十年独特经历与收获，系统总结了全链条科技创新创业，以经营观统领技术创新、个体修养、团队锻造和企业发展。相信这部父子倾力合著之作，不但见证了先生儿子的成长蜕变，也必将影响新时代国内的科创实践。

（张德震，原青岛技术交易市场总监，青岛技术转移人才培养模式首创。科技部国家技术转移机构评审专家、工信部"创客中国"全国创新创业大赛决赛评委专家、人社部科技评估师，全国技术市场"金桥奖"先进个人。二十年来，为国内二十个国家技术转移人才培养基地，培养技术转移人才 5000+人次、行业骨干 100+人次。首创的集中公开技术交易模式写入新修订的《中华人民共和国促进科技成果转化法》、青岛技术交易市场技术经纪人培养模式在国内广泛推广。）

序一 创新经营：链接科技创新与产业发展

党的二十大报告指出："推动创新链产业链资金链人才链深度融合"。产业链与创新链深度融合，充分体现了创新主体与生产主体的融合、科技创新和产业发展的融合、原始创新与产业化应用的融合，是促进经济高质量发展的重要支撑。产业链与创新链深度融合，充分发挥了创新链对产业链的驱动作用，并叠加产业链对创新链的引导作用，共同形成以创新驱动为引领。

西方发达国家通过近代的实践探索，在市场竞争中逐渐形成了系统的创新链和产业链"两链"融合机制。我国创新链与产业链融合工作起步较晚，但随着国家实施创新驱动发展战略，以及习近平总书记提出"围绕产业链部署创新链，围绕创新链布局产业链"重要论述，创新链与产业链的深度融合需求日益迫切。推动"两链"融合，不仅能够促进科研成果顺利转化为现实生产力，还能够通过产业需求牵引科研立项，是解决我国科技经济"两张皮"难题的核心路径。

《技术创新经营与发展路径》着重于从创新经营理念到创新经营与发展模式及路径的研究与探索，提出通过推进五个方面的转变和点线面结合整体推动由传统成果转移转化向技术创新经营模式转型的技术创新经营观，强化企业资源经营的核心理念，突出以人才、技术和资本三大要素资源的集聚与经营为重点的企业创新发展观，以团队及个人自我修炼为重心的创业型团队经营观，不失为链接科技创新与成果转化、推动创新链与产业链融合发展的新思路、新模式和新路径，具有积极的探索和实践价值。

本书所提出的无论是科技项目孵化与培育模式、新型研发机构建设思路、企业引导型创新转化模式，还是企业资源经营观、开放型企业创新模式、创新型企业人才环境建设、资源配置型投融资模式，着重强化"体系构建""企业主体""市场观念"和"生态意识"，尤其突出"创新经营"的系统思维，较好地促进了技术创新、模式创新、业态创新、管理创新、制度创新与文化创新的融合与协同。

协同创新是当代的新潮流和大趋势。长期以来我们的技术链和产业链是有距离的，现在我们在这方面已经有了很大进展，中国的企业也形成了交叉融合、相互渗透的方法和思路，聚焦创新链、技术链、产业链、供应链，企业不断推进全球化、多元化，政府着力跨部门、跨地区、整合全球资源、跟竞争对手合作等一系列适应新时代的创新，多元化、生态化、去中心化、现代化、国际化的生态发展逐步形成。

全球新一轮科技革命加速演进，科技创新已成为推动社会进步的革命性力量。所有的国家和企业，实际上都在比创新，谁能创新出更多的东西，谁就可以占领市场、占领未来，所以没有创新就没有未来。企业是科技创新的主体，所有的企业所有的行业都要把创新作为发展的第一要务，这样才能把产品、产业做大做强。非常欣慰看到本书就产业链与创新链的深度融合推进技术创新的模式和路径提出了一种理论和实践与大家分享，期待并相信本书能够为读者更全面了解技术创新提供更重要的参考与全新的体验。衷心希望本书能够给有关企业以启示，推动创新向纵深发展，让新时代最美丽的创新之花在创新强国的征途上尽情绽放，为实现中国梦做出新贡献。

2024 年 11 月

（张景安，国际欧亚科学院院士、国际欧亚科学院中国科学中心常务副主席、中国科技体制改革研究会理事长，曾担任科技部原党组成员、秘书长、科技日报社原社长。）

序二　开展创新经营　促进科技发展

我与本书作者已经认识很多年了。从我认识他的时候起，本书作者一直在技术创新、技术经营、技术转移转化领域坚持不懈地耕耘着、实践着，并取得了很大成绩。尤其可贵的是，作者不仅是一位有恒心的实践者，也是一位积极的探索者和思考者。《技术创新经营与发展路径》一书即是作者集 30 余年的探索经验和长期潜心研究而形成的心得与思想结晶。

从各种情况判断，中国经济发展正进入一个深刻的转折期：曾经支撑中国经济 40 多年高速发展的旧的经济动能逐渐减弱，而新的经济动能，包括制造业的产业升级、高新技术产业、高技术服务业等等虽然得到了较快发展，但尚不足以填补旧经济动能下降产生的缺口，能否顺利地度过这一转型期，加快推进产业升级和高质量发展，关系到我国制造业能否顺利地从中低端向中高端，乃至世界产业链前端迈进，关系到中国式现代化能否取得新的突破，关系到中华民族伟大复兴的目标能否按期实现。出路在于加快推进科技创新战略实施的步伐。正如习近平总书记指出的："创新是一个民族进步的灵魂，是一个国家兴旺发达的不竭动力，也是中华民族最深沉的民族禀赋。"党的十八大报告也明确提出"科技创新是提高社会生产力和综合国力的战略支撑，必须摆在国家发展全局的核心位置。"强调要坚持走中国特色自主创新道路、实施创新驱动发展战略。惟创新者进，惟创新者强，惟创新者胜。大力推进理论创新、制度创新、科技创新、文化创新以及各个方面的创新，是新时代的鲜明特色，也是推动中华文明走向新的辉煌，实现中华民族伟大复兴的客观要求。

创新驱动高质量发展的战略方向确定以后，如何推进技术创新，如何汇聚创新资源，如何有效进行技术经营，创造什么样的技术创新模式才能更快实现创新目标，则是需要认真思考和探索的重大问题。正基于此，在创新驱动发展战略、高质量发展作为全面建设社会主义现代化国家首要任务的大背景下，《技术创新经营与发展路径》一书研究创新理念、创新思维、创新模式，推进创新管理、创新经营和创新发展，探索推进科技创新和科技成果转化同时发力的方法与途径，具有十分重要的现实意义。

《技术创新经营与发展路径》的作者结合多年从事技术创新管理与经营活动的丰富实践，对技术创新经营、企业创新发展和创新型团队建设，进行了比较系统的思考，提出了既有一定战略高度又具有实践价值的创新经营与发展模式，同时力求回答一些我国科技创新与发展中必须面对的重大问题。例如科技成果转化难，是我国科技体制改革长期寻求破解的重大课题。科技体制改革以来，党中央、国务院、各有关部门和各级政府采取了一系列重大改革措施，出台了大量法规和政策，在很大程度上有效推进了我国科技成果转移转化效率的提升。但是今天技术创新和成果转化面临的形势与过去相比已经有很大不同：新技术革命风起云涌，新能源、新材料、人工智能、新型算法、信息技术、生物技术等大量涌现，不同领域的新技术交叉融合，促进了支撑我国产业链向中高端升级的技术创新与成果转化也要从传统模式向新的模式升级。在此新形势下，要切实解决科技成果转化难的问题仍然任重而道远。2022 年，我国社会研发总投入已经突破 3 万亿元，比上年增长 10.1%。可以预见，这增长幅度还将继续。面对如此巨大的研发投入而产生的巨量科技成果，真正建立以企业为主体、以市场为导向、产学研深度融合的技术创新体系，促进科技成果快速形成技术创新动能，加快转变为现实生产力，从而加速推进中国式现代化和高质量发展的步伐，是实施创新驱动发展战略亟待解决的现实问题。本书从研究分析技术创新与科技成果转移转化的规律入手，以推进五个方面的转变为基础、以点线面结合的三条路径为重点，形成基于成果转移转化的技术创新经营模式。通过技术创新经营、企业创新发展和创新型团队建设的模式与路径研究，形成了从创新理念到创新经营的思路、方法与路径。

本书提出的创新思想、创新思路、创新模式和发展路径，基本源于作者长期以来具体实践的总结、思考和系统研究，在推进中国式现代化的新征程中，结合创新驱动发展战略和高质量发展的总体要求，进一步推动产学研深度融合发展，切实推进科技创新和科技成果转化，尤其是促进民营科技发展，本身就是一项极具挑战性和创新性的事业，具有较强的探索与实践价值。希望本书提供的观点和思考能为全国从事科技管理、技术转移转化和科创服务人员、技术经理人的创新实践带来启示。也希望作者在本书基础上再接再厉，继续在技术创新和技术转移转化征程中发现新问题，研究新思想，开辟新路径，为使我国从科技大国走向科技强国而做出新的贡献。

马彦民

2024 年 11 月

（马彦民，高级工程师。先后任科技部中国技术市场管理中心副主任、科技部火炬高技术产业开发中心副主任、正局级巡视员，现任中国民营科技促进会会长。长期从事科技成果转化和技术市场管理与研究工作，是国家技术转移促进行动、中国创新驿站的主要策划人。）

序三 "创"出的新，"营"出的赢
——那些年悟出的这些字

新字挂帅，披荆斩棘。

中共中央、国务院印发的《国家创新驱动发展战略纲要》，强调要坚持走中国特色自主创新道路、实施创新驱动发展战略。党中央强调，贯彻新发展理念、推动高质量发展是关系现代化建设全局的一场深刻变革，要实现创新成为第一动力、协调成为内生特点、绿色成为普遍形态、开放成为必由之路、共享成为根本目的的高质量发展。以创新为突破性动力，中华民族的伟大复兴历程披荆斩棘，举世瞩目。

新从何来？又如何赢得未来？

30余年从事科技管理、技术转移、企业经营实践，《技术创新经营与发展路径》的作者用自己亲身历练的那些年，悟出并诠释了两个字——"创"和"营"，这也是《技术创新经营与发展路径》这本书的核心灵魂及价值所在。

创什么？从创新、创业、创团队，到勇于开创、敢于开创、善于开创，《技术创新经营与发展路径》一一呈现。怎么营？从确立经营意识、构建经营体系到开展经营运作，《技术创新经营与发展路径》展现从营到赢的蝶变。

"创"出的新，"营"出的赢。《技术创新经营与发展路径》作者从创新实践出发，着力于技术创新经营模式与路径研究，提出以推进五个方面的转变为基础、点线面结合的三条路径为重点、基于成果转移转化的技术创新经营模式；提出企业资源经营的核心理念、资源配置型投融资模式和企业开放型创新模式，构建"以资源经营为核心、三大要素资源经营为重点、集团化发展为方向"的企业创新发展模式；基于"团队是带出来的"的核心思想，提出以团队管理者及团队成员的自我修炼作为创新型团队建设与经营的重中之重。技术创新经营、企业创新发展和个人修炼与团队建设的重心在于创新、创业、创团队，是创新创业过程中非常重要的三个方面，形成了从创新理念到创新经营、创新发展的思路、方法与路径，这不仅是基于创新创业的系统观，也是创新创业的方法论，具有重要的探索与实践价值。

对于正在奋力实施创新驱动发展战略的中国来说，提倡和培育全民创新精神，将成为实现中华民族伟大复兴的最宝贵精神财富。《技术创新经营与发展路径》以技术创新经营、企业创新发展和个人修炼与团队建设为重点。而这正是新时代发展的不竭动力。我们正处在"大众创业、万众创新"的新时代，要想实现可持续性发展，必须深刻认识到人才是第一资源、创新是第一动力、科技是第一生产力，必须更新观念、解放思想，践行创新理念，探索创新方法，发掘新的创业机遇，着力于技术创新经营、企业创新发展和创新型团队建设。创新、创业、创未来是新时代创造的良好发展机遇，更是新时代赋予我们的责任和使命。从这个意义上讲，《技术创新经营与发展路径》具有较好的参考价值和指导意义。

新字挂帅，是新时代的需要，是高质量发展的必然。唯创而新，懂营而赢，期待《技术创新经营与发展路径》能让更多的人从中获取更大的动力，从而能在一定层面激发和汇聚中华民族伟大复兴的"创营"力量。

2024 年 11 月

（汤继强，西南财经大学西财智库主任、首席经济学家，西南财经大学中国金融研究院教授、博士生导师，中共四川省委、四川省人民政府决策咨询委员会委员，四川省科教兴川促进会副会长，成都产业研究院名誉院长，都江堰青城山研究院首任创始院长，美国斯坦福大学高级访问学者。）

自序　三十年的探索与坚持

自 1993 年底笔者从事技术创新管理工作开始，至今已有 30 余年。2004 年初笔者开始负责筹建研究院下属技术转移机构，开启了公司化运营、市场化运作的技术转移探索与实践之旅。

这些年，因为没有团队、没有资源、没有业务，且一开始就实行公司化运营和市场化运作，过程十分艰辛，不过笔者也因为这样的技术转移模式机制和制度设计而得以成长与发展。

这些年，将投资机制引入技术转移过程，尝试完成一批研究院所科技项目的公司化，创立技术转移机构下属的创投公司，建立市场化运作的投资机制，于技术转移工作推进及后续的发展不无益处。

这些年，推进技术转移服务和项目孵化培育的同时，平台化经营成为开展技术转移重要的经营与发展路径，先后创建科技园、研发平台、孵化器等技术转移平台，其间不仅完成了原始积累、支撑技术转移工作开展，"平台化经营"也成为技术转移机构的基因。

这些年，尝试着推进技术转移服务同创业投资、孵化器建设与经营、新型研发机构建设一体化，形成了一定的发展基础，也在尝试中不断探索技术转移服务同项目运作、平台经营和创业投资协同的发展模式。

这些年，始终将开放合作与资源整合作为核心经营理念，高度重视同政府层面的合作和社会资源的利用，通过十多年的努力也赋予了"开放合作与资源整合"特别的内涵。

这些年，十分重视组织建设和团队成长，围绕"帮助他人、成就自我"的核心价值观和"激情、阳光、创新、合作"的公司精神，创立内部课堂，使团队、制度和文化成为重要的发展基础、也可以说是重要的经营成果。

反思这些年，大力推进开放合作与资源整合的同时，对外部资源与能力过分依赖，尤其是资本平台、物理平台和技术平台的设立与运营，虽然在技术转移机构的成长与发展过程中起到了重要作用，但相对于资源和机会而言，运营模式设计、实际运作状态同可以预期的效果还是有很大的差距。

反思这些年，基于传统的思维定式和主流做法，过多地致力于研究院所和高校技术资源的梳理和科技项目的挖掘，对产业发展和市场需求的深入、系统研究严重不够。居于技术资源与市场需求之间，着力于多点对多点的技术交流、合作对接，不由自主地陷入传统中介式的泛技术转移模式，行业深入、企业跟进、重点聚焦严重不够。技术转移的方向和模式成为持续发展的重要问题，如何适应科创发展的新形势，推进成果转移转化模式转型，探索创新经营、创业经营和团队经营的新模式与新路径，也成为开启技术创新、技术转移再思考、再研究的重要着力点。

基于从事科技管理、技术转移、企业经营30余年的探索与实践，结合国内技术转移、成果转化的普遍做法进行系统反思，就技术创新、科创服务普遍存在的问题及未来发展趋势开展再研究，围绕技术创新经营、企业创新发展和个人修炼与团队建设三个方面，从创新理念确立到创新经营模式建立形成了自己的系统理解、认识和观点。

（1）技术创新经营观。

研发与生产脱节、研发与转化断链，以及成果转移转化方向和模式问题仍然是技术创新及成果转化普遍存在的根本问题。基于技术创新内涵及过程与系统规律，以及相关问题的认识，提出通过系统推动五个方面的转变，以科技项目孵化与培育、新型研发机构建设和企业引导型创新转化模式建立为重点，整体推进由传统成果转移转化向技术创新经营模式转型。

（2）企业创新发展观。

基于企业经营的实质是资源经营的基本认识，提出强化企业资源经营的核心理念，以创新型企业人才成长环境打造、行业头部企业开放型技术创新模式和资源配置型投融资模式建立为重点，突出人才、技术和资本三大要素资源的集聚与经营，构建"以资源经营为核心、三大要素资源经营为重点、集团化发展为方向"的企业创新发展模式，作为贯彻创新驱动发展战略、推进创新链与产业链融合发展、促进企业高质量发展的基本思路。

（3）创新型团队经营观。

团队是技术创新、企业经营和事业发展的根本支撑，基于"团队是带出来的"的核心思想确立团队经营观。结合20多年带团队的经验，认为事业平台打造、制度建设和文化氛围等软环境建设是团队建设与经营的客观必要条件；人本主义企业经营观建立、管理者及核心骨干团队培养、团队成员的系统修炼是团队建设与经营的重心；团队管理者及团队成员的自我修炼与个人成长又是团队建设与经营的重中之重。从某种角度讲，团队经营观的核心是团队及个人的自我修炼。

本书以技术创新经营、企业创新发展和个人修炼与团队建设为重点分为三章，围绕创新、创业、创团队，核心突出一个"创"字——勇于开创、敢于开创、善于开创，重心是落脚于一个"营"字——确立经营意识、构建经营体系、开展经营运作，希望从技术创新经营、企业创新发展和个人修炼与团队建设角度解读从创新理念到创新经营与发展模式的演变。

这些关于技术创新经营、企业创新发展和个人修炼与团队建设的观点，乃笔者的一孔之见，希望通过分享，给已经或即将从事科创服务、技术转移、孵化器运营、企业经营、创业投资乃至技术创新研究与经营等相关工作的人们，带来一点点启发。

光阴荏苒，岁月如歌。三十年一晃而过，虽未成什么事，也谈不上成人达己，但无怨、无悔、无憾。三十年的经历与体验是一种难得的机会和缘分，三十年的努力与付出是一种特别的历练和成长，三十年的探索与坚持是一种无形的收获和财富。因为热爱而选择，也因为热爱而坚持。

面对世界百年未有之大变局，中华民族跨越百年沧桑重新走上伟大的复兴之路，科技创新的春天已经到来，我们正处在一个伟大的时代。欣逢盛世，当不负盛世，在创新驱动发展战略和高质量发展战略背景下，创新创业机遇与挑战并存。习近平总书记2023年7月在四川考察时提出："希望四川在推进科技创新和科技成果转化上同时发力，在建设现代化产业体系上精准发力，在推进乡村振兴上全面发力，在筑牢长江黄河上游生态屏障上持续发力。"适应创新发展的时代要求，贯彻落实习近平总书记的指示精神，继续研究与实践技术创新经营模式与路径，不断持续探索与实践"在推进科技创新和科技成果转化上同时发力"的新思路、新方法，以更好的姿态顺应新时代、适应新情况、解决新问题、促进新发展。

未来已来，未来刚刚开始，坚信未来会更好。

马　康

2024 年 11 月

前　言

本书是笔者在从事科技管理、技术转移、企业经营30余年的实践基础上，结合广泛开展科技创新合作交流、技术经纪（经理）人培训和相关专题研究的基础上写作而成的。本书基于推进创新经营与发展模式建立的核心思想，提出三个主要观点。一是通过系统推动五个方面的转变，突出三条主要路径，整体推进由传统成果转移转化向技术创新经营模式转型的技术创新经营观；二是强化企业资源经营的核心理念，突出人才、技术和资本三大要素资源的集聚与经营，构建"以资源经营为核心、三大要素资源经营为重点、集团化发展为方向"的企业创新发展观；三是基于"团队是带出来的"的基本观点，确立以团队及个人的自我修炼为重心的创新型团队经营观。技术创新经营是核心，企业创新发展和创新型团队建设是技术创新经营的重要基础。希望通过技术创新经营、企业创新发展和创新型团队建设的有机结合，从创新理念到创新经营与发展模式建立的系统维度，探索"在推进科技创新和科技成果转化上同时发力"的实现方式与路径。

全书分三章，分别讲述基于成果转移转化的技术创新经营模式、基于高质量发展的企业创新发展模式和基于团队及个人自我修炼为重心的创新型团队经营模式。

本书适合高校、科研院所、政府机构和科创服务机构从事科技管理、成果转移转化、科创服务研究的相关人员，创新型企业高管及规划、创新、资源、人力管理人员阅读使用，也可作为技术经纪（经理）人培训参考读物。

目 录

第一章　技术创新经营模式

第一节　技术创新的机理分析　/　3

第二节　推进成果转移转化转型的重要意义　/　9

第三节　从成果转移转化向技术创新经营转型　/　16

第四节　技术转移过程的项目运作与投资机制引入　/　21

第五节　科技项目孵化培育与运作模式　/　25

第六节　项目孵化培育模式与路径选择　/　31

第七节　项目孵化培育需要重视的相关问题　/　41

第八节　新型研发机构建设　/　47

第九节　企业引导型创新转化模式　/　56

第十节　技术转移业务生态结构　/　61

第十一节　基于成果转移转化的技术创新经营模式　/　66

第二章　企业创新发展模式

第一节　企业资源经营观　/　71

第二节　创新型企业人才成长软环境建设　/　76

第三节　行业头部企业开放型技术创新模式　/　79

第四节　资源配置型投融资模式　/　85

第五节　基于宏观、中观和微观结合的立体投资观　/　91

第六节　集团化经营发展路径　/　95

第七节　基于高质量发展的企业创新经营模式　/　101

第三章 | 个人修炼与团队建设

　　第一节　团队建设与管理者自我历练　/　107

　　第二节　自我修炼乃个人成长与团队建设之本　/　116

　　第三节　谋事在人，成事也在于人　/　126

　　第四节　个人基本能力结构　/　134

　　第五节　三层职能结构模式　/　139

　　第六节　基于概念、逻辑和结构的三维工作法　/　143

　　第七节　在不断的修炼中成长　/　146

后记一　感恩　感激　感谢　/　148

后记二　笔耕不辍　积跬步以至千里　/　150

参考文献　/　152

第一章
技术创新经营模式

30年前，笔者对技术创新内涵的学习认识及其规律的研究分析，从技术开发到技术创新，从科技成果转化、技术转移到企业孵化、创业投资，从创新发展模式探索到新型研发机构建设、行业头部企业创新发展……从学习、思考到实践，从再思考到系统研究，无论是自觉或不自觉、主动或被动，都是非常难得，也是不容易的探索与实践过程。

一路走来，在以企业为主体、市场为引导、产学研深度融合创新体系建设的战略目标引领下，对标深圳清华大学研究院、中国科学院宁波材料研究所、江苏产业技术研究院等行业领军机构，由传统技术转移服务向科技项目运作与投资机制引入，由成果转移转化到项目孵化与投资运作、新型研发机构建设和企业引导型创新发展模式不断演进，探索和实践成果转移转化的具体方式、发展模式及创新经营思路，形成了对技术创新、成果转移转化的深入理解，尤其是基于成果转移转化的技术创新经营模式的系统认识。

行车之前，虽然有一定思考但并不见路往何方，所幸停车之后有机会、有心境回头看看路，同时将离散的思考和观点进行必要的梳理和整合，继而提出技术创新及成果转移转化未来发展的方向、思路与路径，推动从传统的成果转移转化向技术创新经营模式转型。本章是一些笔者多年摸爬滚打之后的思考和所形成的一些认识和思路。作为一个30年技术创新管理与经营的从业者、一个技术转移人，除了自我学习、总结和提升，笔者也希望通过分享和交流，共同促进技术创新及成果转移转化，推进产学研深度融合发展。正所谓："路虽远，行则将至。"

第一节 技术创新的机理分析

创新活动的开展大致可以分为两大方面：一是组织单一项目的创新；二是组织区域性、系统性创新（如国家、地区或某一系统的技术创新）。前者可以认为是点，后者可以认为是线或面。无论怎样都需要对技术创新的机理进行分析研究，掌握其内在规律及特点，这是技术创新模式设计与技术创新活动组织的重要基础。

一、技术创新的基本内涵

（一）熊彼特创新理论

熊彼特（Joseph Schumpeter）在其1912年出版的《经济发展理论》一书中，首次提出了创新的概念，认为资本主义经济增长的主要源泉不是资本和劳动力，而是技术创新。他在1947年出版的《资本主义、社会主义和民主》一书中不仅发展了《经济发展理论》中的一些思想，而且提出了一些新的见解。

熊彼特把创新视为现代经济增长的核心，将创新定义为一种关于生产要素的"新组合"引入生产体系。这种组合包括：（1）引进新产品；（2）引进新技术；（3）开辟新的市场；（4）控制原材料的新供应来源；（5）实现工业的新组织。显然，熊彼特关于创新的概念相当广泛，泛指各种可提高资源配置效率的新活动，这些活动不一定全与技术相关，但与技术相关的创新是主要内容。

熊彼特认为，创新推动产业走向繁荣的过程分为三个步骤：一是为了谋取额外利益，企业纷纷进行创新；二是其他企业为了分享这种利益而开始对新产品、新技术进行模仿；三是那些采取旧方式的企业为了生存而进行适应性模仿（进一步的推广）。后两步即是技术创新的扩散。

（二）技术创新的定义

尽管熊彼特创新理论不无缺陷，也非现代技术创新的全部内涵，但现代技术创新理论正是基于其创新理论基础发展并逐步形成的。继熊彼特之后，莫尔顿·卡曼（Morton Kamien）和南赛·施瓦茨（Nancy L. Schwartz）等从竞争程度、企业规模和垄断力量三个决定性变量对技术创新和扩散进行了更深入的研究，并形成了技术创新经济学。哈佛大学维龙（R. Vernon）教授研究技术创新、扩散与产业发展，提出了产品生命周期理论，将高技术产品的发展过程概括为"新产品""成熟"和"标准化"三个阶段。在此后的技术创新研究热潮中，不同的学者对技术创新概念存在着不同的理解和认识。时至今日，人们对技术创新的表述仍然莫衷一是。

四川大学管理学院鲁若愚、朱欣民、郝勇等编著的《创新与创业管理》一书中，将技术创新定义为：技术创新通常是指新的技术（包括新的产品和新的生产方法）在生产等领域的成功应用，包括对现有要素进行重新组合形成新的生产能力的活动。全面地讲，技术创新是一个全过程的概念，既包括新发明、新创造的研究和形成过程，也包括新发明的应用和实施过程，还应包括新技术的商品化、产业化的扩散过程，也即新技术成果商业化的全过程。结合我国技术创新活动的实践，《中共中央、国务院关于加强技术创新，发展高科技，实现产业化的决定》将技术创新定义为："企业应用创新的知识和新技术、新工艺，采用新的生产方式和经营管理模式，提高产品质量，开发生产新的产品，提供新的服务，占据市场并实现市场价值。"

（三）狭义与广义技术创新

狭义的技术创新是指企业针对潜在市场，抓住营销机会，通过研究开发（R&D）活动，创造出新的产品、工艺、生产经营和管理方法，重新使生产经营条件、要素和组织优化组合，从而建立效能更强、效率更高、生产成本更低的生产经营系统的活动过程。狭义的技术创新成果一旦进入市场，都有可能被其他企业吸收和模仿，这种现象称为技术创新扩散。技术创新扩散的过程，实际上也就是其他企业生产经营、管理技术创新的过程。因此，广义的技术创新就可以看作"研究开发（R&D）→狭义技术创新→创新扩散"的全过程，它不仅包括新技术的研究、开发、获取与掌握，还包括新技术的扩散、转移、渗透和市场开拓。

任何R&D成果，只有通过狭义的技术创新，才能由"潜在的生产力"物化为"现实的生产力"；而狭义的技术创新，必须通过创新扩散形成广义技术创新的累积效应,才能提高宏观的技术水平,进而全面提高社会生产力,促进国民经济有效增长。

(四)技术创新研发过程分析

技术创新是一个从概念、研究开发到生产要素重新组合形成新的生产能力、市场能力,进而产生社会经济效益的过程。尽管研究开发并非技术创新活动的全部,但不可否认研究开发是技术创新活动中至关重要的环节。正因如此,我们有必要对技术创新的研究开发过程进行研究分析,探索其内在规律和特点。

技术创新研发过程与一般意义的研究开发不同,并非"纯粹的研究过程",也非"纯粹的开发过程",具有特定内涵,主要包括以下几个方面:

一是完成概念设计、项目立项后的技术原理性研究工作(实验室研究),具有较强的探索性,"研究"性质比较突出,成果表现为以新原理、新工艺、新配方、新方法等为重点的"科学成果"(论文)或者发明专利。

二是在原理性研究基础上进行的产品设计技术开发工作,重点是基于某一或某些原理性技术进行具有特定功能的产品开发,完成单件产品的设计或小量产品生产工艺开发。成果表现为某种以新产品设计或合成工艺等为重点的"技术成果",或是基于单件小批量生产的中试技术成果,也可称其为"一次开发"。

三是在产品设计技术开发基础上进行的产品生产技术开发,重点是基于产品设计技术的产业化技术开发和孵化,成果表现为基于产品生产技术开发的产品生产线和工厂设计,也可称其为"二次开发"。

从原理性技术研究到完成产业化技术开发,经过不同的阶段、完成不同的任务、达到不同的目的,从而构成了完整的技术创新研究开发过程。

二、技术创新的基本特征

研究技术创新的结构、系统、经济及其社会性特征,对于进一步理解技术创新的内涵具有重要意义。

(一)技术创新的结构特征

技术创新作为一种层次性很强的实践活动,有其特殊的结构,其主要的结构特征是:

(1)技术创新的实质,是科技与经济相互统一、相互促进,共同推进人类物质文明和精神文明进步,具有科学实践和生产经营实践双重特征或属性的交叉性社会实践活动。

(2)技术创新的目的,是给商业化的生产系统引入新的产品、工艺和管理方法,以期得到更多的商业利润。

(3)技术创新的主体,只能是企业家,企业家不仅是企业生产经营的管理者,更应该是技术创新的组织者、引导者和支持者。

(4)技术创新的关键,是新技术商业化发展的可能性,即新的产品、工艺和管理方法等商业化应用。

(5)技术创新成功与否,要以生产条件、要素、组织三者经重新组合之后,相应的生产经营系统是否带来利润增长为标志。

(二)技术创新的系统特征

技术创新是一种系统性的活动和过程,其系统特征主要有:

(1)技术创新是一个包含技术、经济、社会三类要素的系统。它以生产经营条件、生产经营要素和生产经营组织三者作为系统的基本构件。

(2)技术创新系统的功能表现为输入的是人力、物力、财力和技术资源,而相应输出的是物化的技术、物质产品和效益。

(3)技术创新系统的可观性、可控性、稳定性随具体创新过程而定,不同的技术创新系统有不同的运行特征和效果。

(4)创新中系统有生有灭。技术创新系统运作的过程,也就是生产力水平和效率高的企业逐渐代替生产力水平和效率低的企业的过程。

(5)技术创新系统是一个动态的开放系统。技术创新受科学技术、生产过程、市场销售、社会经济、政治、文化等一系列因素的影响,所以它是动态开放的过程。

（三）技术创新的经济特征

技术创新是一种经济活动，其相应的经济特征有：创造性、累积性、资产性、效益性、风险性和扩散性。

（四）技术创新的社会特征

技术创新作为一种科学实践和生产经营实践活动，具有明显的社会性特征。主要表现为：在技术创新的过程中，需要投入大量的科学技术资源、自然资源和社会经济资源，通过各类人才组成的技术创新共同体的不懈努力，才能创造出新的物质产品和知识产品，为社会服务。

三、技术创新的过程与系统规律

从技术创新的内容看，每一种技术创新都有它的个体性和特殊性。但企业进行的各种技术创新又具有其共性。任何技术创新都离不开研究开发、企业生产、市场营销和技术创新管理这四个基本要素。正是这四个基本要素的相互作用、相互制约、相互联系，构成了企业技术创新的结构，形成企业技术创新的系统整体。由于企业技术创新是在整个社会科技、经济、政治、文化等大环境内进行，因此也是一个与大环境相联系的动态开放系统。

基于对技术创新的内涵、特征、结构的深入研究与分析，我们试图将技术创新机理归纳为"过程"与"系统"两个基本规律。

一是技术创新的过程通常遵循一定的发展阶段，这些阶段包括：需求识别（技术创新的起点往往是对市场需求的洞察或对现有技术局限性的认识）、概念验证（在确定需求后，通过初步的研究和实验来验证新概念的可行性）、技术开发（将概念转化为具体的技术解决方案，并进行优化）、原型测试（开发完成的原型需要经过严格的测试，以确保其性能符合预期）、产品化（将技术原型转化为可大规模生产的成熟产品）和市场推广（通过营销策略将产品推向市场，并收集反馈以进行持续改进）。从需求或思想出发，经基础研究、应用技术开发、工程技术开发、产品生产组织，到市场销售和价值实现，从而形成技术创新的基本过程，这是任何技术创新活动都必须遵循的内在规律，即过程规律。

二是技术创新不是孤立发生的，它受到多种因素的影响，这些因素构成了一个复杂的系统：环境因素（包括政策、经济、社会文化等外部环境，它们为技术创新提供背景和条件）、组织因素（企业内部的研发能力、管理水平、企业文化等都会影响创新的效率和质量）、技术因素（现有技术的发展水平和技术积累是推动新技术产生的基础）、市场因素（市场需求的变化和竞争态势会直接影响技术创新的方向和速度）、资源因素（资金、人才、信息等资源的获取和利用能力是实现技术创新的关键）。技术创新所涉的环境、组织、技术、市场、资源等因素形成双向、动态、开放的系统，成为技术创新活动必须遵循的客观规律，即系统规律。

在实际工作中，技术创新的成功往往需要将过程规律与系统规律相结合。意味着在每个发展阶段都要考虑到外部环境的影响，如政策变化可能带来的机遇或挑战；组织内部要建立适应创新的文化和机制，比如鼓励跨部门合作、快速迭代等；保持对技术趋势的敏感度，及时调整研发方向以适应市场变化；确保有足够的资源支持创新活动，包括投资研发、吸引人才等。

综上所述，技术创新是一个复杂而动态的过程，它不仅遵循一定的发展阶段（过程），还受到多方面因素的影响（系统）。理解和掌握技术创新的过程和系统这两个基本规律，是我们研究技术创新模式、组织开展技术创新活动的重要理论基础，对于指导企业的创新实践具有重要意义。

第二节 推进成果转移转化转型的重要意义

科技成果转移转化是指为提高生产力水平而对科学研究与技术开发所产生的具有实用价值的科技成果所进行的后续试验、开发、应用、推广直至形成新产品、新工艺、新材料，发展新产业等活动。狭义的科技成果转移转化仅指技术成果的转化，即将具有创新性的技术成果从科研单位转移到生产部门，使新产品增加，工艺改进，效益提高，最终实现经济发展。而广义的科技成果转移转化应当包括各类成果的应用，劳动者素质的提高，技能的加强，效率的增加，等等，将科技成果从创造地转移到使用地，使使用地劳动者的素质、技能或知识得到提升，劳动工具得到改善，劳动效率得到提高，经济得到发展。随着改革开放向纵深推进，高质量发展已然成为时代主题，而科技创新更是高质量发展不可或缺的重要方面。科技创新助推高质量发展的关键在科技成果的转移转化，通过科技创新、科技成果的广泛应用及产业化推动，为高质量发展助力赋能。

一、推进成果转移转化的传统做法

从国内外总体情况看，推进成果转移转化的方式方法很多，归结起来其传统路径主要包括技术转移、企业孵化、投资运作及创新平台建设等。

（一）通过技术转移促进成果转移转化

技术转移是指企业、组织或者个人之间知识、技术、技能和其他技术资源的转移，可以通过技术转让、技术许可、定制、联合研发、联合制造、技术合作、技术援助和技术指导等方式得以实现。

技术转移的商业形式主要包括技术服务（通过技术咨询、检验检测、技术加工、技术改造、新技术新产品研发等开展技术合作或提供技术服务）、成果转让（通过技术交易完成知识产权转让）和技术作价（通过知识产权作价入股方式推进科技项目公司化），其所对应的收益模式分别是技术服务收入、成果转让收益和技术作价形成的股权及收益。

（二）通过孵化服务促进成果转移转化

企业孵化器也称高新技术创业服务中心，通过为新创办的科技型中小企业提供物理空间和基础设施，并提供一系列的服务支持，以降低创业者的创业风险和创业成本，提高创业成功率，从而促进科技成果转化，培养成功的企业和企业家。企业孵化器一般应具备四个基本条件：一是有孵化场地，二是有公共设施，三是能提供孵化服务，四是面向特定的服务对象——新创办的科技型中小企业。企业孵化器离不开五大要素：共享空间、共享服务、租用企业、孵化器管理人员、扶植企业的优惠政策。

孵化服务是指通过开办企业孵化器，为在孵对象提供各种服务，其大致可以分为三个层次：一是一般性服务，主要是企业经营基本条件提供，包括经营场地、商务设施提供、工商办理、一般性商务代理服务等；二是专业咨询服务，包括管理咨询服务（管理制度、人力资源管理制度、市场分析、专业知识培训等）、政策性融资服务（协助申报政府资金、申请担保贷款等）以及专业技术服务（信息化、公共技术机构与平台建设）等；三是增值服务，重点是战略制定、商业策划、创新能力提升、市场运作、投资服务等基于发展性资源配置的高端服务。孵化服务针对不同的孵化器有不同的收益方式，一般以政府补贴和服务收入为主。

（三）通过投资运作促进成果转移转化

资本是带动成果转移转化和促进企业发展的重要引擎，不同阶段的项目或企业有不同资本属性和资源条件的需求，引入投资机制（增资扩股、股权转让或其他投资方式）是促进成果转移转化和企业孵化培育非常重要的一种方式。

成果转移转化过程的投资主要是创业投资（Venture Capital），亦称风险投资（VC），是指向创业企业进行股权投资，以期所投资创业企业发育成熟或相对成熟后主要通过转让股权获得资本增值收益的投资方式。天使投资是风险投资的一种形式，指对具有巨大发展潜力的高风险的初创企业进行早期的直接股权投资。VC投资的盈利模式主要是通过资本退出获得投资回报，退出方式包括IPO（首次公开募股）、股权转让等。

成果转移转化过程的投资运作可以分为早期项目投资（天使投资）——非公司化项目合作开发模式（重点是实现资源项目化，投资的核心是知识产权分享）或股权投资（重点是实现项目公司化，投资的核心是项目公司的股权分享）和初创企业投资（重点是引进VC，推进技术产品化、样机工程化、产品市场化）。投资收益模式主要是股权分红和股权转让收益。

（四）通过创新平台建设促进成果转移转化

围绕科技成果转移转化和产业化，以工程技术开发、企业孵化、投资运作和科创服务为重点搭建相应的创新平台，推动相关工作向专业化、市场化、规模化发展，已经成为促进成果转移转化的重要方式，尤其是成为政府主导、引进高校院所、机构和企业，推进技术创新、成果转移转化和科技产业发展的主要模式。

创新平台分为技术平台（比如工业技术研究院、工程技术中心、公共技术服务平台）、企业孵化器或加速器（按主体可分为政府主导型、服务机构主导型、投资机构主导型孵化器；按功能可分为综合孵化器与专业孵化器）、投资平台（各种专业投资机构、投资管理机构、投资基金）和科创服务平台（各种类型的科创服务机构）。创新平台的收益模式具有综合性、多元化特点。

二、成果转移转化面临的主要问题

站在不同角度来看，对成果转移转化面临的问题会有不同的认识和观点。改革开放四十多年来，国内技术创新和成果转移转化的形势日新月异，所取得的成效亦有目共睹，但随着成果转移转化向纵深推进，所面临的困难和问题仍然突出。下面笔者通过偏宏观结构层面和微观做法（模式）层面两个维度分析成果转移转化面临的主要问题，从问题出发，研究破解问题、推进成果转移转化的思路和模式。

（一）宏观结构层面的四个突出问题

1. 成果转移转化方向的问题

改革开放以来，虽然在推进社会主义市场经济体制的建立过程中，很早就强调市场需求对技术创新的引导作用，然而基于科技成果转移转化的本源理解（因需转而转），加上创新资源分布、经济发展历史原因、国家政策引导等因素，科技成果转移转化现状总体而言仍然是以科研院所和高校的科技成果梳理、挖掘、转移转化为出发点，依旧没有摆脱以技术为主导的转移转化方向，市场需求和企业产业发展需要所发挥的引导作用严重不足，实质上仍然是推销式转移转化。

2. 科技成果转移转化模式的问题

为大力促进科技成果转移转化，改革开放以来，国家相关部门相继为科技成果转化颁布法律、出台政策、采取措施，以政府主导组建生产力促进中心、创新服务中心和技术转移机构，引导社会机构参与组织各种基于科技成果转移转化的中介服务机构，并以科技服务机构为中心（桥梁与纽带），面向技术资源和市场需求开展科技中介服务。政府花费很大的代价以支持各种科技服务机构设立、运行与发展，科技服务机构则面向技术资源和技术需求，以中介服务为基础、在"科技资源"与"市场需求"之间提供各种科技中介服务，形成了科技成果转移转化"X模式"。这种模式的主要特点是开展多点对多点的转移转化"泛服务"，涉及面广、重点不突出、不聚焦，"统计"工作状态远远大于"会计"工作状态，转移转化总体效果不理想也就理所当然。

3. 研究开发与生产制造脱节的问题

我国社会科技创新要素资源主要集中在高校、科研院所、国防军工、部分大型国有企业。虽然改革开放以来上市公司、部分民营企业的创新要素资源状况有所改善，但总体而言，社会科技创新要素资源（无论是存量还是增量）仍然高度集中于高校院所和国防军工（重点是国防科研机构）。一方面，工业企业系统所拥有的科技创新要素资源严重不足，导致企业创新能力失衡、研究开发与生产制造脱节的问题长期存在。另一方面，因太过强调成果转化，而忽略创新源头与产业发展需求的结合，也是导致研究开发与生产制造脱节的原因所在。

4. 研究开发与转移转化断链的问题

从科技成果转移转化的内涵不难理解，一方面，科技成果是转移转化的基础和前提，没有科技成果何谈转移转化；另一方面，因为科技成果没有得到广泛的推广应用才需要通过各种方式开展转移转化。长期以来，科技成果转移转化基本上都是始于科技成果、源于生产科技成果的技术创新，从科研院所和高校出发,选择、评价科技成果的"价值",然后再想方设法通过各种手段、采取各种方式进行推广应用和转化。但结果是科技成果的转移转化率并不高,科技创新和转移转化的总体投入匹配度较差,研究开发与转移转化之间存在突出的断链问题。

(二)微观模式层面的四个重要问题

现有成果转移转化的各种模式,对于推动产学研合作及促进科技资源开发、科技成果转移转化、传统产业升级和高新技术产业发展起到了积极作用,国内最近几十年的探索与实践也已取得了较好的成效。但同时必须意识到,目前的成果转移转化方式仍存在几个重要问题,值得重视、关注和研究。

1. 重视点上成果的转移转化而忽视创新资源的综合开发

现有的成果转移转化模式对高校和科研院所的价值挖掘,除了文章发表、项目申报、专利申请,更多的关注仍在于科技成果的转化和应用,忽视了创新资源综合体和创新能力载体的重要属性,如何围绕科研院所和高校进行系统的创新资源开发、创新潜能释放需要进一步的探索与尝试。

2. 重视科技成果的推广应用而忽视差异化创新模式的建立

现有的成果转移转化方式更多停留在传统的"技术开发—科技成果推广应用"模式,要进一步推动基于技术创新的新兴产业发展和传统产业升级,尤其是以产业发展引导创新工作开展等,需针对不同的创新特点、环境和要求,开展差异化创新模式的研究与实践。

3. 重视转移转化过程的技术主导而忽视系统的资源配置

目前很多成果转移转化做法仍然停留在科技机构和科技人员主导下的内在成果转化模式,要求大量的科研人员不断地从技术人员、项目负责人向项目公司负责人、产业化公司经营者转型(完成基于不同素质需求的基因转变)。而术业有专攻,专业的人应干专业的事,如何围绕科技成果转化过程的资源需求,合理进行资源配置,以更好地促进成果转化和产业化发展,值得深入系统地研究与摸索。

4. 重视转移转化过程的技术主导而忽视企业引导作用发挥

现有成果转移转化模式大多仍然是以科研机构为主体、从成果到应用、从技术到市场、由内及外的技术主导型创新模式，从某种角度上讲这是导致成果转移转化效率低的重要原因之一。按照"建立以企业为主体、市场为导向、产学研深度融合的技术创新体系"的要求，如何建立以市场为导向的企业引导型创新模式需要积极探索、不断实践。

三、推进科技成果转移转化的重要意义

《科技成果转化工作指南》的序言中指出，党的十八大以来，以习近平同志为核心的党中央高度重视科技创新工作，把促进科技成果转化摆在十分重要的位置进行谋划部署。习近平总书记强调，"加快科研成果从样品到产品再到商品的转化，把科技成果充分应用到现代化事业中去"，"保护知识产权就是保护创新"，对完善科技成果转化体制机制、保护和激励科技人员积极性创造性作出了一系列重要指示，为促进科技成果转化指明了前进方向，提供了根本遵循。在党中央的坚强领导下，各地方、各部门促进科技成果转化的政策措施陆续出台，围绕促进科技成果转移转化进行了积极探索，科技界、经济界转化科技成果的积极性显著提升，全社会对科技成果转化投入明显增加，我国科技成果转化呈现出欣欣向荣的崭新局面。

《科技成果转化工作指南》序言中还指出，进入新的发展阶段，为落实新发展理念、构建新发展格局、推动高质量发展，党中央提出坚持把创新摆在我国现代化建设全局的核心位置，把科技自立自强作为国家发展的战略支撑。面向新征程，我们要坚持以习近平新时代中国特色社会主义思想为指导，深入学习贯彻习近平总书记关于科技创新的重要论述，加快科技创新和体制机制创新步伐，为经济社会高质量发展提供源源不断的科技创新成果供给，以科技的主动赢得国家发展的主动，以高水平的自立自强塑造发展新优势，加快探索实践一条从人才强、科技强到产业强、经济强、国家强的创新发展新路径，为实现第二个百年奋斗目标提供强有力的科技支撑。

《中共中央关于坚持和完善中国特色社会主义制度 推进国家治理体系和治理能力现代化若干重大问题的决定》中明确提出，建立以企业为主体、市场

为导向、产学研深度融合的技术创新体系,支持大中小企业和各类主体融通创新,创新促进科技成果转化机制,积极发展新动能,强化标准引领,提升产业基础能力和产业链现代化水平。如何切实推进建立以企业为主体、市场为导向、产学研深度融合的技术创新体系,是当前甚至较长时间内推进科技创新体制机制完善的重要课题。

科技成果转移转化是一个较为复杂、实践性很强的系统工程,受制于历史、政策、经济、文化等种种因素。尽管已经过改革开放以来几十年的不断探索与实践,科技成果转化难题并没有完全破解,基于科技成果转移转化方法、路径与模式的探索与实践,仍然具有十分重要的现实意义。

第三节　从成果转移转化向技术创新经营转型

基于对技术创新过程规律和系统规律的认识，结合推进成果转移转化的重要性、现行基本做法与模式以及所面临的方向、模式、脱节和断链等主要问题，本着遵循客观规律、坚持问题导向原则，按照以企业为主体、市场为导向、产学研深度融合的目标要求，通过推动五个方面的转变，推进成果转移转化向技术创新经营模式转型。

一、成果转移转化方向由技术主导向市场主导转变

总体而言，目前的科技成果转移转化仍然是以科研院所和高校的科技成果梳理、挖掘、转移转化、推广应用为主要出发点和着力点，基于技术创新成果的转移转化方式仍占据主导地位，没有真正转变从院所和高校出发、以技术为主导的成果转移转化方向，市场需求、企业发展需要对技术创新的引导作用严重不足。技术创新除了推动科技进步和新兴产业发展，更需要立足于企业生产经营过程中面临的新技术、新装备、新材料、新工艺等各种技术问题的解决，突出企业技术创新能力提升、推动企业转型升级。因此，《中共中央关于坚持和完善中国特色社会主义制度　推进国家治理体系和治理能力现代化若干重大问题的决定》中明确提出，要建立以企业为主体、市场为导向、产学研深度融合的技术创新体系。

按照"以企业为主体、市场为导向、产学研深度融合"的目标要求，首先需要推进成果转移转化的方向转变，即从科研院所和高校出发、以技术为主导的成果转移转化方向，向从企业发展需求出发、以市场需求为主导的成果转移转化方向转变。需要确立并强化以市场需求为主导的发展理念，建立以企业技术需求为引导的需求牵引式转移转化模式。放弃简单、单向的推广推销式转移转化，技术需求与技术驱动协同，推进科技成果转移转化的双向互动。一方面，根据市场技术需求寻找适合的成果进行转移转化，或者根据市场技术需求寻求创新资源进行定制式技术开发与创新；另一方面，筛选先进、成

熟、具有应用推广价值的科技成果，组织推进转移转化。

成果转移转化方向转变的核心是转移转化理念的更新、转移转化思路的调整、转移转化结构的优化。理念决定格局，思路决定出路，方向决定成败。

二、成果转移转化模式由 X 型向 Y 型转变

现在很多成果转移转化、科创服务仍然处于成果转移转化"X 模式"或类似状态。技转平台、科创服务机构居中面向 X 左右两侧（技术资源和市场需求），开展多点对多点的成果转移转化"泛服务"，导致事倍功半的现象大面积存在。推进成果转移转化由"X 模式"向"Y 模式"转变将是破题以期达到事半功倍效果的关键。

建立成果转移转化"Y 模式"重点在于三个方面。一是下集中找立足点。确立科技成果转移转化工作的基本立足点——为了谁？干什么？做成什么样？需要首先明确科技成果转移转化的战略和目标定位。可以是为了一家企业发展、产业转型升级需求；或者是为了一个地区或园区的创新资源汇聚、创新能力提升、创新产业发展；或者是为了一个科技成果转移转化、一个技术创新机构资源与能力的系统开发。二是上开放聚资源。基于科技成果转移转化战略和目标（立足点），研究需要什么资源、缺什么资源和需要引进什么资源——人才、资金、项目、市场、政策等等。三是中间搭平台建机制。有了立足点和资源需求，进而根据需要构划合作平台搭建、合作机制设计、合作模式建立（比如政产学研合作技术创新平台、专业孵化器、专业创业投资基金、专业科技服务平台等等），以促进资源聚集、人才引进和创新工作开展。

推进科技成果转移转化的转向和转型是相辅相成的。转向以市场需求为主导，是寻求转移转化立足点的基础，开放的资源聚集和市场化转移转化平台与机制的搭建与设立是针对、聚焦转向的切实保障。

三、从单一成果转移转化到创新资源综合开发模式的转变

科研院所和高校作为承载创新资源和创新能力的综合体，所拥有的具有转化价值（应用可能）、具备转化条件（成熟度、可操作）的科技成果，相对

于其所具备的创新条件、技术基础、创新团队、创新文化和创新机制等综合创新资源和创新能力而言是微不足道的。着眼于创新发展的总体考虑，从单一、纯粹的成果转移转化向创新资源综合开发利用转变，是推进成果转移转化和技术创新经营的思路性突破，对于产学研深度融合技术创新体系建立具有重要意义。

从成果转移转化向建立创新资源综合开发模式转变，核心是探索技术创新经营与发展新模式。不仅仅要关注科研院所和高校有多少和转化了多少成果，更重要的是研究通过什么方式、采取什么方法，着重于基于技术创新方向、目标和路径的结构优化设计、职能合理分工和资源有效配置，着力于科研院所和高校创新资源的系统开发和利用、创新潜能的深度挖掘和释放，使之成为产学研深度融合技术创新体系的重要支撑。

基于科研院所和高校创新资源综合开发模式，相对于单一的、纯粹的成果转移转化，要在"系统""深度"上做好文章以实现综合开发目标。一是组织推进重点科技成果转移转化；二是组织开展技术开发、新产品研制和新技术服务；三是积极参与产学研合作、市场化运作的开放技术平台、孵化平台和创投平台的设立与运营，更好地带动创新资源综合开发。

四、从传统成果转移转化到创新发展模式的转变

技术创新是一个系统工程，因受到创新内容、创新条件、创新资源、创新环境和创新目标等客观因素影响而具有不同的特点，技术创新成果也具有不同的特性。所以，从微观层面基于科技成果转移转化的方式方法与路径研究固然重要，但不能简单拘泥于点上的方法论，而应当上升到技术创新管理与技术创新经营的高度。从宏观层面研究如何根据不同的创新内容、创新条件、创新资源、创新环境和创新目标，构建不同类型的创新发展模式，从而完成传统成果转移转化的突破与超越。

根据不同的创新内容、创新条件、创新资源、创新环境和创新目标，创新发展模式可以分为三个层级。一是创新驱动型创新发展模式。由国家主导、以国家重大科学工程（比如合肥同步辐射工程、LAMOST望远镜）、国家重大科技专项（比如C919工程、航天载人工程）等为载体，以国家级研究院所、高

校和集团企业承担实施，以重大科技创新成果支撑科学工程或科技专项目标完成，同时以重大科技成果驱动新兴产业发展为核心，形成创新驱动型创新发展模式。二是技术推动型创新发展模式。以科研院所、高校和企业的新技术、新产品、新装备、新工艺、新材料等重点的应用型技术创新成果为重点，以企业技术优势和创新能力提升、助推传统产业转型升级为核心，形成技术推动型创新发展模式。三是产业引导型创新发展模式。以适应企业和产业发展需要的市场技术需求引领技术创新，以用市场需求牵引完成的创新成果应用推动产业发展为核心，形成产业引导型创新发展模式。

从传统成果转移转化向创新发展模式的转变，核心是不再简单围绕单个项目的转移转化，而是基于创新内容、创新条件、创新资源、创新环境和创新目标等不同情况进行技术创新的系统化设计与安排，建立不同的创新发展模式，明确其技术创新与成果转移转化的方向、目标、重点和资源配置方式。创新驱动型创新发展模式需要国家层面进行总体规划、资源统筹和结构安排；技术推动型和产业引领型创新发展模式则更多需要建立市场化合作机制，采取不同的模式和路径推进协调发展。

不同的创新发展模式相互协同、优势互补，将成为产学研深度融合技术创新体系建设的重要内容。

五、从内化型成果转移转化到资源配置型创新模式的转变

根据技术创新的过程规律，从技术到产品、从项目到企业、从科技成果到产业化，都需要一个漫长的过程，也需要各方面资源的参与。按整个技术创新、转移转化过程的方式和状态可以将成果转移转化模式分为内化型成果转移转化模式和外化型成果转移转化模式，二者的核心差别在于成果转移转化过程的主导性和转移转化所需资源筹集方式。内化型由技术创新团队主导创新及转移转化工作开展，并筹集所需要的各种资源；外化型则是由科技项目运作主体主导创新及转移转化工作进展，并根据需要进行资源配置。可以说大多数技术创新项目基本上都属于内化型成果转移转化模式，团队负责人在创新及转移转化过程中不得不由课题负责人向项目负责人、项目公司负责人不断转变，角色转变的同时也在不断进行"基因转变"，客观说这种"基因转

变"存在较大风险，也全程面临资源短缺和结构不合理的问题。

要跳出简单的内化型成果转移转化模式，须着力于成果转化全过程所需资源的有效配置，按照市场机制探索建立外化型成果转移转化模式（资源配置型创新模式），充分发挥资源配置对技术创新、成果转移转化和科创发展的产业引领、市场助推、资本引导、团队主导、政策支撑等功能性作用，营造良好的创新及转移转化生态系统。发挥产业资源与发展需求对创新及转移转化的引领作用、市场资源与运作对创新及转移转化的助推作用、资本资源与投资需求对创新及转移转化的引导作用、人才资源与创业欲望对创新与转移转化的主导作用、政策资源与发展环境对创新及转移转化的支撑保障作用，实现聚集资源、优化结构、提升能力、培养团队、促进创新改革发展的目的，力求通过资源配置型创新发展模式的探索与实践，为以企业为主体、市场为导向、产学研深度融合技术创新体系建设构筑重要基础。

建立以企业为主体、市场为导向、产学研深度融合的技术创新体系是一个战略目标，需要不断创新、探索与实践，通过系统推进成果转移转化方向由技术主导转向由市场主导、成果转移转化由"X模式"转向"Y模式"、从单一成果转化到创新资源综合开发模式、从传统成果转移转化到创新发展模式、从内化型成果转移转化到资源配置型创新模式，推动以企业为主体、市场为导向、产学研深度融合技术创新体系建设，推进从成果转移转化向技术创新经营模式转型，具有极其重要的探索与实践价值。

第四节　技术转移过程的项目运作与投资机制引入

技术转移是指技术在国家、地区、行业内部或之间以及技术自身系统内输入与输出的活动过程。技术转移的途径很多，其基本形式包括技术许可、技术对接、产学研结合、设备和软件购置、信息传播、技术帮助、新企业创办、企业孵化等等。技术转移的基本模式从技术内容的完整性上看，可以分为"移植型"和"嫁接型"两种模式；从技术载体的差异性上，可以分为"实物型""智能型"和"人力型"三种模式；从技术功能上看，又可以分为工艺技术转移和产品技术转移两种模式。

《国务院关于加快科技服务业发展的若干意见》（国发〔2014〕49号）将"技术转移服务"作为科技服务的重要内容，提出"鼓励技术转移机构创新服务模式，为企业提供跨领域、跨区域、全过程的技术转移集成服务，促进科技成果加速转移转化"。

从技术转移的内涵、路径到基本模式，传统技术转移的服务属性、中介特点很重，随着产学研深度融合创新体系建设的不断推进，传统的、简单的、纯粹的技术转移服务已经不能满足科创事业深入发展的需要，尤其是作为企业化、商业化、市场化运营的专业技术转移机构，在开展技术转移服务的同时，突出技术转移过程的"科技项目运作"和"投资机制引入"，已经成为深度推进技术转移的重要选择。

一、技术转移过程的科技项目运作

技术转移过程的科技项目运作可分为项目评价、项目策划、项目实施三个阶段。项目评价重在项目的选择，项目策划重在行动方案的规划，项目实施重在项目目标及预期价值的实现。

（一）科技项目运作的特殊内涵

科技项目运作是围绕技术转移活动的开展，基于特定的市场需求和市场选择，利用一定的资源条件（技术能力、科技成果、企业、资金、人才、品牌、政策等等），着眼于技术转移价值实现（推进技术成果转化与产业化）和投资价值实现（投资收益）的双重商业目的，进行相关资源评价与筛选、相关要素商业边界设定、资源配置方式设计、商业模式安排以及项目方案的组织实施，以实现资源项目化、项目企业化、企业资本化的过程。

（二）科技项目运作的核心是"商业再造"

科技项目运作核心是基于特定市场选择和一定资源基础上的科技项目商业方案设计，也就是科技项目的"商业再造"。这种再造更多的是对于技术商业价值的再造，而不是简单地、传统地进行资源堆积、拼凑与组合，重要的是在进行项目技术经济综合评价的基础上进行目标价值的合理设计，以及以项目实施所需相关的要素资源选择与配置方式策划为重点的商业模式设计。技术转移科技项目运作必须是以技术商业创新为核心的"商业再造"，是基于一定商业背景的项目价值设计、提升与实现过程。

（三）科技项目运作的重点是项目方案策划

项目方案策划包括三个方面内容：特定项目的可行性分析评价（即确定可不可为）；项目商业方案设计（即明确项目具体怎么做，包括定位、目标、资源、实施地点、责任主体、实施计划等等内容）；项目实施的预期价值策划，包括项目价值实现方式及进度安排等。这些基本上构成项目商业计划的主要内容。

（四）项目经理至关重要

科技项目运作效果很大程度上取决于项目经理的能力和素质。一名合格的项目经理，应致力于项目运作基本功的历练，掌握相应的方法和工具，特别是学习并掌握项目调研的方法和技巧，学习并掌握关于创新项目和创新型企业的市场、技术、经济分析方法与工具，以及项目市场调研报告、技术分析与评价报告、可行性研究报告、商业计划书的编写等基本的项目运作手段，勤于开展对成功案例的研习，学习他人的做法与成功经验。项目运作具有非常强的实践性，任何成功的项目经理都是勇于实践，在实践中不断地积累经验，放弃"唯书"做法，研究适合自身的项目评价、策划与运作模式；摈弃"任务"思想，强调"作品"意识，不作狭隘的"包装"，杜绝将"做项目"简化为做项目材料的思想，脚踏实地、一丝不苟地推进项目运作。

（五）其他关键点

科技项目运作的关键还在于战略意识、商业嗅觉和创新能力的培养和应用。战略意识培育及在项目运作中的成功应用，可以发现项目超越于局部和当下的机会和价值；敏锐的商业嗅觉有利于迅速做出准确的商业价值判断和商业方式设计；创新能力则是帮助项目经理在项目价值定位、要素选择、资源配置方式和商业模式设计等方面不墨守成规、敢于突破和创造的重要条件。

简言之，在商业背景下的科技项目运作，设计价值是核心，创新模式是重心，创造价值是中心。

二、技术转移过程的投资机制引入

技术转移过程的科技项目运作需要资金和资本的参与、牵引和推动，还需要物理平台、技术平台和服务平台等相关功能平台的协同；同时，在一定的资源背景和政策支持下，基于技术转移的物理平台、技术平台和服务平台也具有投资价值。所以技术转移不能停留在传统的中介模式，而需要引入投资机制，通过投资机制的引入、资本资源的集聚和投资活动的开展，有效推进科技项目运作的商业化实施，推动以技术创新经营为重心的技术转移产业化发展。

将投资机制引入技术转移过程，重点是指开展技术转移产业发展过程的相关业务投资。包括资本性投资（如创投平台或基金）、创业投资（带有风投性质的科技项目投资运作）、技术转移功能平台投资（如技术研发平台设立、孵化器建设、科技园区开发、信息化服务平台搭建等）。

技术转移过程的投资具有同一般的投资活动相同的规律、特征和要求，也有其自身的特殊性。开展技术转移过程的投资活动，需要遵循投资活动的一般规律和要求，又必须结合技术转移自身的特点。技术转移过程的投资活动并非传统意义上的商业投资行为，带有某种特殊的使命，需要系统探索"投资与投智""资投与智投"的有机结合。

其一，投资者趋利，技术转移过程的投资活动也不例外，但并非简单地追求经济利益，而应该是在"推动技术转移与成果转化，促进技术创新，助力创新驱动发展"的前提（使命）下，开展商业化运作并实现投资收益，这是技术转移过程相关投资活动的基本价值定位。

其二，围绕科技项目运作的创业投资是技术转移过程中投资活动的核心与关键。科技项目投资的成效事关相关投资活动的协调发展，是技术转移过程所有投资组合中唯一为了退出而进入的投资方式。其他投资（比如针对物理平台、技术平台、服务平台的投资）可能在较长时期内必须持有，以形成技术转移产业发展平台的综合优势，并为创业投资营造必需的环境和空间。

其三，技术转移过程的投资需要资本的投入与牵引，并以资本为载体，但并非简单、纯粹的资本利得，需要重视"资源资本化""能力资本化"和"服务资本化"。或者说，技术转移的过程需要一定的资本投入，但不仅仅是资本，还需要特殊的资源、智力和服务投入，且资源、智力和服务将作为引导资本投入的基础和优势。技术转移过程的投资通常以技术转移产业化（技术创新经营）为方向，高校、科研院所的品牌资源和综合科技资源为依托，同相关投资业务互为支撑，系统体现了资源配置型投融资模式的特点。近年来广泛推进的政产学研联合打造新型研发机构就是技术转移过程比较典型的技术平台投资运作模式（包含品牌、技术、能力、资源及服务等的资本化）。

其四，技术转移过程的投资重点在于系统设计和统筹运作。投资过程中项目评价与选择是基本点，资源组合方式、商业设计、全过程资源配置、点线面结合的协调运作，是追求单体投资效果、有效规避单体投资风险、尽可能实现总体投资收益最大化的有效途径。

其五，技术转移过程的投资在选择"投智"重点与机会的同时，需要重视探索与形成"智投"理念、机制和能力。着力于"投智"与"智投"的有机结合，形成具有自身特点的投资战略、投资规划、投资制度、投资文化、投资团队和投资案例。

投资本就是一种关注过去、把握当下、着眼未来的特殊经济活动，需要有综合、归纳、分析、判断之功，运筹、策划、运作、驾驭之能，投资经营者要既"上得厅堂"，又"下得厨房"。技术转移过程的投资更是如此。

综上所述，技术转移涉及方方面面，其中科技项目运作和投资机制引入非常重要的两个方面，一个是技术转移的重心，一个是技术转移的重要手段，相对于传统、简单的中介服务而言，科技项目运作和投资机制引入是技术转移市场化、商业化、产业化发展的重要抓手。

第五节 科技项目孵化培育与运作模式

科技项目孵化与投资是一种比较特殊的商业活动，需要遵循技术创新、技术转移和投资运作的客观规律，并结合科技成果转化和项目孵化的特点，围绕科技成果转移转化，以科技项目评价与商业策划、科技项目孵化、科技项目投资组合机制为重点，致力于科技项目孵化和投资运作模式的探索与实践。

一、科技项目孵化培育的内涵

科技项目孵化培育是指在一个创新生态系统中，通过提供必要的资源、环境和指导，帮助科技成果快速实现转化或初创企业快速成长并实现商业化。

1. 科技成果转化的组织

——科技成果通常指通过科学研究活动获得的创新知识、技术方法或实验产品。转化则是指将这些成果应用到实际生产或商业活动中，创造经济或社会效益。在孵化环境中，这意味着为科技项目提供从理论到实践的转化支持。

——在科技成果转化过程中，组织机构扮演着桥梁的角色，如大学科技园、孵化器、加速器等，它们通过专业的服务和资源整合，为科技成果提供一个成熟平台，促进其向市场化过渡。

——实施科技成果转化策略需要综合考虑技术成熟度、市场需求、资金支持和政策环境等因素。

2. 科技项目孵化培育的源头

——科技项目孵化的起点是原始创意或初步的科技成果。孵化器需为这些初期项目提供研究开发、市场调研等初级阶段的支持。

——确保科技项目能够从正确的起点开始发展，是孵化器的重要职责。这涉及到对项目的筛选、评估和初步融资等关键环节的管理。

3. 科技项目孵化培育的体系

——为了确保科技项目不仅仅停留在孵化阶段，而是能够成长为未来的产业，必须建立一个系统的培育体系。这包括资金投入、人才培养、供应链建设和市场扩张等多方面的支持。

——孵化器要积极构建一个良好的产业生态系统，包括与政府、高校、研究机构、资本市场等外部资源的协同合作。

——未来产业的培育要求孵化器不仅关注眼前利益，而是以长远视角，投资于可能成为市场领导者的项目和企业。

4. 科技项目孵化培育的资源配置

——孵化器的成功很大程度上取决于其对内部和外部资源的整合能力。这包括资金、人才、技术、信息等关键要素的有效配置。

——通过构建广泛的合作网络，孵化器能够为科技项目打开更多的成长通道，这涉及国内外的合作伙伴关系建设。

5. 科技项目孵化培育的政策环境

——国家和地方政府通常会提供一系列政策来支持科技创新和孵化活动。孵化器需要积极适应相应政策，以求资源利用最大化。

——在享受政策优惠的同时，孵化器及其孵化的项目必须严格遵守相关法律法规，确保其运营和发展的合法性。

总的来说，科技项目孵化培育是一个系统的过程，涉及多个方面的考量。它不仅需要孵化器提供场地和基础设施，更重要的是提供一系列增值服务，如资金支持、管理咨询、市场开拓等，以帮助初创企业成长。同时，孵化器还需要与时俱进，不断适应外部环境的变化，优化内部管理，以实现其服务的持续升级和效率提高。

二、建立科技项目评价与商业策划模式

科技项目评价与商业策划是科技项目孵化与投资运作的基础，其关键是通过项目评价与商业策划的流程及规范的建立形成项目评价与商业策划模式，包括基于技术资源和市场资源的"资源项目化"、基于项目技术经济评价的项目选择和基于项目方案设计的运作策划，基本流程如图1-1所示。

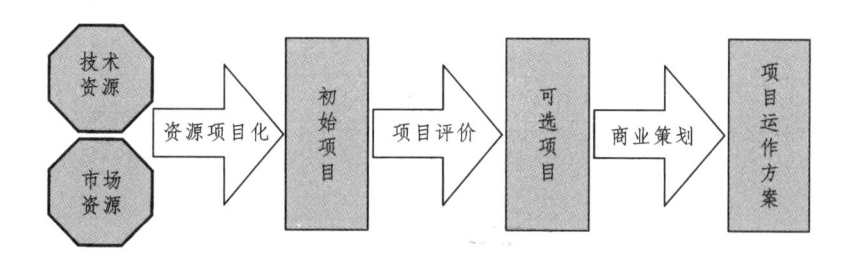

图 1-1　科技项目评价与商业策划流程

资源项目化是项目评价与商业策划模式中最基础的能力，是科技项目孵化与投资运作的重要基础。要求系统了解科技成果（包括跨学科的综合研发实力），掌握产业化市场的前沿技术需求，结合技术资源梳理和市场资源判断，实现科技资源和市场资源的"项目化"，尤其是要高度重视基于市场要求资源的项目化。项目评价是科技项目孵化过程中的核心能力，要求对项目进行全面系统的技术及经济评价，包括项目的技术先进性与成熟度、知识产权、市场及成长性、竞争对手、经济性、项目运行环境、风险性等。项目评价是技术转移的基础，也是开展项目商业策划与运作的基本功。项目商业策划，是决定科技项目孵化能否最终成功的关键一环。以技术经济评价为基础，对项目实施的条件、运作方式、相关资源配置、商业模式、项目团队等进行系统的商业设计与发展规划，并以商业计划书为载体的商业策划工作实为项目实施的核心。

三、探索"前后孵化结合"的科技项目孵化模式

对具备"独木成林"条件的科技项目进行"孵化"，通过"资源项目化"—"项目企业化"—"企业产业化"过程，真正实现科技成果向现实生产力转化。综合调研与分析国内外各类技术转移模式，对于科技项目孵化过程进行分解，以科研院所科技项目孵化为例，构建如图 1-2 所示的科技项目孵化模式。

此项目孵化模式以"资源项目化"—"项目企业化"—"企业产业化"为重点，分为孵化前准备、孵化、孵化退出三个阶段，分别承担技术价值发现、技术价值提升与技术价值实现三个职能。

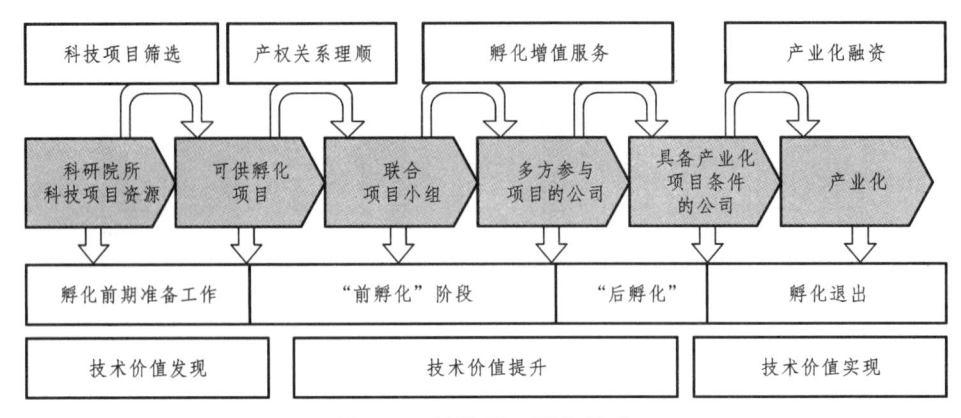

```
科技项目筛选    产权关系理顺    孵化增值服务    产业化融资
    ↓              ↓              ↓            ↓
科研院所  →  可供孵化  →  联合    →  多方参与  →  具备产业化  →  产业化
科技项目      项目        项目小组    项目的公司    项目条件
资源                                              的公司
    ↓              ↓              ↓              ↓            ↓
孵化前期准备工作   "前孵化"阶段    "后孵化"        孵化退出
    
技术价值发现      技术价值提升                技术价值实现
```

图 1-2　科技项目孵化模式

（一）孵化前准备阶段

孵化前准备阶段主要承担"资源项目化"，也是技术潜在价值发现的过程。

（二）孵化阶段

孵化阶段主要承担"项目企业化"，通过资本介入和商业运作完成技术价值提升，即是将实验室技术成果通过中试、熟化转变为具有产业化投资价值的产业化项目。根据科研院所（高校）科技项目的特点，可以将孵化阶段分成了"前孵化"和"后孵化"两个环节。"前孵化"主要解决单纯依靠社会转移机构无法解决的科技项目的内部复杂关系问题，通过合作协议组建项目权属明晰的"联合项目小组"。理顺项目权属关系后进入引入社会机构组建"多方参与的项目公司"的"后孵化"阶段。"后孵化"是孵化阶段的重点，核心是技术工程化或产品化定型、产业化技术开发、市场验证、创业团队打造、市场化企业平台建立，目标是具备产业化放大条件。

（三）孵化退出阶段

孵化退出阶段主要承担"企业产业化"，也是技术价值实现过程。在孵化基础上引入产业资本进入，进入产业化放大及产业发展阶段。作为科研院所（高校）可以选择部分或者全部退出，以兑现技术价值。

四、打造科技项目组合投资机制

分析科技成果转化的众多案例并结合多年从事技术转移的实践经验，科技资源到科技成果产业化发展过程大体可分为"资源项目化""项目企业化""企业产业化""资本证券化"四个阶段,而资本是贯穿并主导和影响科技项目在每一个阶段的存续与延伸最重要的动力来源。缺少资本要素资源的参与或者仅有单一形态的资本要素资源的参与,很难实现科技成果转移转化及产业化落地。不同形态的资本牵引着科技成果转移转化与发展过程,基于科技项目投资运作与退出而形成的不同形态资本的投资组合机制(见图 1-3),将成为实现技术转移过程中科技成果转移转化及产业化,实现从科技资源向产业市场和资本市场跨越的基本保证。

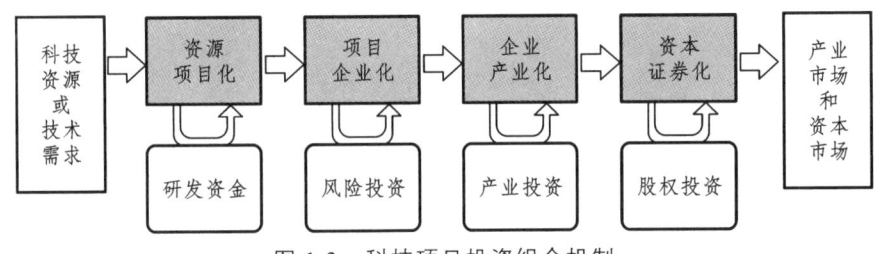

图 1-3 科技项目投资组合机制

1. 研发资金

政府或者科研院所自身筹集用于科技项目开发的专项资金,一般通过项目申报方式实现。在项目的"申报"与"立项"过程,实际上已经通过科技资源或技术需求的有机对接完成了"资源项目化"。资金合理使用的结果便是科技成果(专有或专利技术),以资金投入换得技术创新能力提升和科技成果知识产权,研发资金的使用和研发活动的开展成为技术创新活动的起点和技术转移载体(科技成果)的来源。

2. 风险投资

狭义的风险投资是指以高新技术为基础,生产与经营技术密集型产品的投资。风险投资是由职业金融家投入到新兴的、迅速发展的、具有巨大竞争潜力的企业中的一种权益资本。对具有知识产权并取得一定成果的科技项目,可通过引入风险投资组建项目公司完成"项目企业化",进入项目孵化阶段。

3. 产业投资

产业投资的核心是实业投资,是指为获取预期收益,着眼于产业发展,将货币收入转化为产业资本,形成固定资产、流动资产和无形资产的经济活动。

在项目孵化进入到一定阶段（具有产业化条件）时，引入具有行业背景、市场优势、产业化运作经验和管理团队的产业资本，优化资源结构，全面实施产业放大，推进"企业产业化"。

4. 私募股权投资

非上市企业进行的权益性投资，在交易实施过程中附带未来的退出机制，即通过上市、并购或管理层回购等方式出售持股获利。项目公司在产业资本进入、产业发展到一定规模后即可引入（私募股权投资，Private Equity，PE），在专业投资机构的指引和帮助下，努力争取创造条件到证券市场公开上市融资。

适当的资金及不同属性的资本结构设计对于推进科技项目孵化极其重要。项目背景、特点和阶段不同，对资金及资本结构需求也不一样，需要根据项目具体情况设计具有针对性的投资组合。

科技项目孵化是技术转移、科技成果转化的重要形式，通过引入投融资机制来推进科技项目孵化已是大势所趋。然而，科技项目孵化与投资运作亦是一个相当复杂的系统工程，涉及面广、环节众多、过程复杂，难度很大。并且科技项目孵化与投资运作模式的建立是一个长期的过程，需要在持续的实践中不断完善。

第六节 项目孵化培育模式与路径选择

一个尚未转化的科技成果或者初创的项目公司,虽然项目的情况不同、处于不同的阶段,但其成长发展过程之中都需要聚集资源、优化结构、提升能力、夯实基础和寻求机会。如何把这些科技成果或项目公司"项目化",找到不同项目适合的孵化培育模式与路径,乃本节研究与探讨的核心问题。

一、项目自身特点、发展需求和资源背景

项目的自身特点、发展需求和资源背景是影响和决定项目孵化培育的重要因素。

(一)项目的基本面

人的基本面包括性别、籍贯、出生地和年龄等基本信息,身体状况、习惯爱好、特长、性格和家庭甚至家族背景等个性特征,以及政治面貌、学历学位、专业技术职务、主要经历与成果等专业属性。对于人的选择、培养和任用来说,本着因材施教、知人善任的原则,对其有全面了解和基本面分析尤其重要。项目似人,亦是如此。对于项目孵化培育模式与路径选择,需要针对项目自身的基本面进行系统、全面、深入的了解和分析。

项目自身的特点包括以下几个方面:

一是项目行业属性。是属于传统行业,是劳动密集型、以生产制造加工为主的行业,还是关系到社会经济发展和产业结构优化升级,具有全局性、长远性、导向性和动态性特征的新兴产业?相比之下,新兴产业具有高技术含量、高附加值、资源集约等特点。

二是项目要素资源属性。是属于劳动密集型、资金密集型、资源密集型,还是人才密集型、技术密集型?前者具有传统资源要素依赖性,后者在人才和技术支撑方面具有较强的竞争壁垒。

三是项目阶段属性。是属于早期初创型项目、成长型项目还是成熟型项目(产业化前期)?不同阶段项目的特点具有明显差异。

四是项目成长属性。是属于盈利能力强、市场有限、不可能形成太大规模的"金兔型"项目（不列作本节研究范畴），还是属于有成长性、市场前景好、具有很大发展空间的"独木成林"型项目，抑或是成长性相对较差，但具有特殊优势的品质独特型项目？

五是项目背景属性。是属于源自高校或科研院所的高校院所项目，还是完全没有背景资源的草根创业项目？市场上大多数创业项目属于这两类。

（二）项目成长与发展的需求

项目需求是指根据项目自身特点，在项目培育与成长过程中，其基础构造、能力提升、资源配置和结构优化所必需的各种要素资源、环境条件。不同的行业属性、资源属性、阶段属性、成长属性和背景属性，任一变量的差异都会导致项目需求发生改变。

根据对项目自身特点的分析，有针对性地进行项目需求研究，对于项目的孵化培育至关重要。项目需求研究包括项目孵化培育模式与路径（战略性方向选择）、项目孵化商业方案设计与实施，其中基于资源配置的模式与路径选择是本节的着重点。

（三）项目的资源背景

资源是项目孵化培育的重要基础。项目资源背景（项目所拥有的资源数量、质量、结构和持续性）影响和决定其生存与发展状态，甚至决定其兴衰存亡。前面述及项目自身的特点（即项目的综合状态）也是项目资源背景直接或间接作用的结果。

项目资源背景包括项目内、外部资源系统，即"人""财""物"等要素资源、股东资源、供应链、客户与市场资源以及战略合作体系和政府资源等。资源支撑项目运营及绩效，但相当部分的资源作用与价值具有隐蔽性、间接性和滞后性，虽然更多的是体现在未来价值，但对项目孵化培育至关重要。

项目的孵化培育过程是项目价值的挖掘、发现、培育和提升过程，其实也是基于项目所需资源的积聚和配置过程。在明确项目特点和需求的基础上分析项目资源背景，其实是深入研究项目资源的存量、结构和特点，明确资源需求（尤其是影响项目价值的骨干团队、核心技术能力、市场等核心资源、股东背景及合作伙伴等重要资源），明确资源品质（对于项目孵化培育的价值），目的是进一步厘清项目孵化培育的资源基础和资源缺口，在此基础上制定项目孵化培育的资源配置思路（缺什么、需要谁、怎么找、如何合作等），继而形成项目孵化培育模式与路径。

二、项目孵化培育的底层逻辑（着眼点）

十年树木，百年树人。项目孵化培育是一个系统工程，需要重点研究和关注构成项目孵化培育的底层逻辑。

（一）强化未来价值根本

无论是研究项目自身特点和项目需求，还是分析项目资源，核心都是项目价值，特别是项目未来成长和发展潜力——项目的投资价值，这是研究项目培育和成长的根本。一方面项目的孵化培育和项目发展需要各种资源，只有基础好、有成长价值的项目才能聚集所需的资源；另一方面，所有的优质资源都会被市场之手整合到有价值的项目中去。"投资未来、经营希望"是投资经营的核心理念，关心过去、立足当下、着眼未来是投资活动的基本逻辑。必须确立项目价值经营理念，着眼于项目未来价值和持续发展，重点关注项目综合能力尤其是核心竞争力提升，建立资源整合和开放合作的项目运营理念，着力于项目结构优化和发展生态的不断改善，系统推进项目团队、制度与文化建设。

（二）咬住能力提升目标

研究项目孵化培育不是简单的时点问题，而是一个项目自过往、经当下、至未来全生命周期、持续不断的过程。支撑项目孵化培育的重要基础是项目的核心能力，围绕项目孵化培育的资源配置、结构优化以及团队、制度、文化建设等，都必须紧紧咬住项目核心能力提升这个目标不动摇。项目核心能力包括三个层面：宏观的战略规划、体系构建与治理结构设计、资源运作能力；中观的组织设计与制度安排、团队与文化建设能力；微观的运营管理能力、创新能力、制造与市场运作能力等。

（三）抓住结构优化重点

一个项目的目标、业务、组织、团队（包括股东）、资源、能力、管理的结构是否合理，是评价一个项目价值和影响项目持续发展非常重要的方面，所以项目孵化培育务必抓住结构优化这个重中之重。不仅仅限于局部结构优化，而是扩展至整个项目相关资源与组织系统，包括上层（项目决策系统）、中层（项目经营管理系统）、底层（项目运作执行系统），前台（市场运作与客户管理系统）、中台（项目运作执行系统及供应链系统）、后台（股东体系及战略合作系统）。

（四）突出资源配置主线

在项目的孵化培育过程中，无论是自身基础与能力建设、市场机会争取，还是合作伙伴选择，都不能忽视资源配置这条基本主线，致力于内部能力建设和外部机会争取。项目孵化培育的核心是根据自身实际、着眼未来发展所进行的相关资源聚合和有效配置，即围绕项目张力（集聚和容纳更多资源的能力）和项目活力（高效转化资源的能力）提升，以资源集聚和资源配置为重心的项目资源经营。

（五）坚持开放合作原则

基于项目孵化培育的资源需求是全方位的，但资源不足又是普遍现象，对于一个普通科技成果项目化，初创项目公司的资源供给更是捉襟见肘。所以项目孵化培育不应闭门造车、画地为牢、自娱自乐，需要坚持开放合作原则、建立共赢发展机制，整合、利用更多的社会资源，实现取长补短、优势互补和共同发展，这是项目孵化培育必须坚持的重要原则和路径。项目孵化培育过程就是项目合作推进过程，开放和合作程度决定了项目孵化培育的状态。开放是理念、心态和格局，合作是方法、手段和路径，共赢是模式、能力和目标。

（六）把握团队建设关键

毛主席说："政治路线确定之后，干部就是决定的因素。"（《毛泽东选集》第 2 版第 2 卷第 526 页）就项目而言，战略、方向与目标确定之后，核心团队就是决定力量。从投资角度来看，投资人看重的不仅仅是项目本身，更看重的是人（项目团队），创业就是一个创业者（团队）"内因物化"过程，项目创始人（包括团队）的"内因"是决定项目可以做成做好做大的根本。所以，创新型项目孵化培育要牢牢把握住核心团队建设这个关键。人才培养和项目团队建设是一个系统工程，需要以事业平台构建（项目未来发展）为前提，人力资源管理为基础，机制创新为重点，组织文化建设为关键，总体筹划、系统推进、坚持不懈着力于项目人才资源、经营人才资产、运营人才资本的系统开发，促进项目培育和健康成长。

（七）夯实制度文化基础

企业制度是关于企业组织、运营、管理等一系列行为的规范和模式的总称。企业文化是指企业全体员工在企业长期发展过程中所培育形成的，并被全体员工共同遵守的最高目标、价值体系、基本信念及行为规范的总和。制度规范行为，文化改善心智，制度和文化如同法律与道德的关系，两者相辅相成、密不可分。项目孵化培育过程亦是如此，项目团队文化是项目培育和成长的基础，而项目制度是项目运营管理持续高效的保障，需要重视、加强和夯实制度和文化基础。项目运营管理制度与文化体系的建立，既是项目孵化培育的基本保障，又作为项目品质与性格成为项目价值的重要组成部分。

三、项目孵化培育的模式与路径选择

从项目孵化培育的底层逻辑出发，探索项目孵化培育模式与路径，需要重点关注项目基因（自身特点、潜质、需求和价值）、项目基础（资源背景和状态）和项目未来（成长空间）。本节就"独木成林"型、"品质独特"型、高校院所项目、草根创业项目来分析项目孵化培育模式与路径选择的基本思路。

（一）"独木成林"型项目孵化培育

1."独木成林"型项目的特点

"独木成林"型项目的突出特点是：本底好——技术和产品优势明显、商业模式清晰、盈利能力强；基础好——技术开发、产品研制取得重要进展，团队、制度和文化建设基本成型，市场开发与市场运营开局良好；前景好——赛道优势与机会明显，具有广阔的市场前景和发展空间。总而言之，项目可做大，独木可成林，可以支撑和发展成为一个产业方向，甚至可发展成为上市企业。

"独木成林"型项目需要坚持相对独立发展，突出资源集聚、能力提升、结构优化和环境改善，以张力和活力为重心着力于项目核心竞争力提升，系统推进项目的公司化、产业化、资本化发展。

2."独木成林"型项目孵化培育模式

"独木成林"型项目基于其自身特点与发展需求，可以选择独立自主的发展道路。项目选择独立发展，必须具备独立发展的基础与能力，积极创造条件引进战略合作资源以改善资源和能力结构，开展产品研制、推进产业发展，逐步建立市场地位。

3."独木成林"型项目孵化培育路径（资本角度）

（1）科技项目公司化

即引进创业伙伴，解决发展主体问题。需对科技成果进行系统的市场、技术、经济分析论证，推进技术产品化、工程化及市场化验证，制订产业化规划及商业计划。在适当时候引入创业伙伴共同设立项目公司，着力于独立法人主体打造、基础能力和团队建设，为引进战略合作伙伴、推进产业化发展做准备。

（2）项目公司产业化

即引进战略合作伙伴，解决发展结构问题。当项目公司发展到基本具备产业化条件，可根据总体发展规划，选择引进具有市场资源、政策资源尤其是产业背景的战略合作伙伴，着力于优势互补、结构优化、夯实能力，推进规模化、产业化发展。

（3）企业发展资本化

即引进财务资本，解决发展规模问题。引进战略合作伙伴后公司进入产业化发展阶段，技术创新、综合发展能力优势显现，总体特色彰显，并具有一定的发展规模，则引进具有资本运营资质、经验和背景的财务投资人，进一步扩大资本规模、规范公司管理、增强产业发展实力，着力于推进资本化、证券化发展。

（二）"品质独特"型项目孵化培育

1. "品质独特"型项目的特点

"品质独特"型项目的突出特点是不像"独木成林"项目具备较高的成长性，但由于技术特点（新技术、新工艺或新材料）具有应用方面的独占性、排他性优势，而使其品质独特，成为相关产业发展的必需。品质独特型项目的核心需求是寻求刚需行业和优势企业，以恰当的方式融入其中，扬长避短，得到充分发展。

2. "品质独特"型项目培育和孵化模式

"品质独特"型项目基于其自身特点与发展需求，应选择依附、融入发展道路。品质独特型项目的自身成长不够，需要培养自身的特长、形成自身的特色、建立自身的优势，创造条件、等待机会，被合适的企业和行业并购，融入其中共同发展。切忌照搬"独木成林"型项目的培育和孵化模式。

3. "品质独特"型项目培育和孵化路径

（1）科技项目公司化

即引进创业伙伴，解决发展主体问题。同"独木成林"型项目一样，"品质独特"型项目也需要对科技成果进行系统分析论证，挖掘自身优势和特点，推进技术产品化、工程化及市场化验证，制订产业化规划及商业计划。适当时候引入创业伙伴共同设立项目公司，着力于独立法人主体打造、基础能力和团队建设，为引进合作伙伴、推进产业化发展做准备。

（2）项目公司产业化

即引进合作伙伴，解决发展特色和优势问题。项目公司发展到具有一定基础后，应结合产业化发展需要，选择引进具有要素资源、市场资源和政策资源的合作伙伴，着力于优化结构、夯实基础、突出特色、挖掘优势，为寻求战略合作伙伴创造条件。

（3）项目公司规模化

即寻求战略合作伙伴，解决总体发展空间问题。项目公司产业发展到一定状态，即结构优化、基础加强、优势显现、特色突出，具备产业并购重组的条件后，应寻求具有行业优势和产业背景的战略合作伙伴并购、出让项目公司控股权，着力于融入行业优势企业，发挥特色、共同成长、协同发展。

（三）科研型项目孵化培育

1. 科研型项目的特点

科研型项目的突出特点是项目及其团队来自于科研院所或高校，技术优势和技术资源背景较深，持续创新能力较强。但这类项目也普遍存在团队和资源结构不合理、东家及团队技术至上的倾向较重，具有缺乏市场应用和行业资源、项目资金短缺、项目机制不够市场化等问题，如何有效解决这些问题也就成为这类项目的核心需求。

2. 科研型项目孵化培育模式

由于项目背景单一，缺乏经营性人才、资源和资金，需要建立市场化机制和寻求行业发展机会，所以科研型项目可以根据项目成长属性分别引入要素资源型或应用产业型企业合作，引进人才、资源、资金，通过需求牵引、结构改善、能力提升、机制转化，推进项目孵化培育。切忌采取简单引入财务投资人合作的孵化培育模式。

3. 科研型项目孵化培育路径

（1）具备"独木成林"条件的科研型项目孵化培育路径

具备"独木成林"条件的科研型项目，首先要确定选择独立自主的发展道路。但是科研院所和高校又不是市场化运作的产业发展主体，因此需要引入市场化运作的行业优势企业（养父母）进行合作，逐步由行业优势企业加持赋能、主导推进项目孵化培育，高校院所负责技术创新的持续支撑，建立优势互补、结构优化、共同发展的市场化运作机制，并按照"独木成林"型项目孵化培育路径，推进项目产业化、规模化和资本化。

（2）科研型品质独特类项目孵化培育路径

具备品质独特条件的科研型项目，鉴于品质独特和高校院所的双重属性，要十分明确地选择依附发展道路，并选择与之相应的孵化培育模式与路径。

（四）草根创业型项目孵化培育

1. 草根创业项目的特点

草根创业项目的突出特点是没有良好的背景资源，项目团队完全依靠自身的力量。一般来说，创业团队的自主性很强，但没有好的背景、缺乏资源、能力有限、需要更多的机会，这也成为草根创业型项目的核心需求。

2. 草根创业项目孵化培育模式

由于没有背景、缺乏资源、需要发展机会，草根创业型项目根据自身的特点，总体应当寻求被并购的方式进行孵化培育。如果属于"独木成林"型项目则通过"入赘"方式寻求同行业优势企业的合作，如果属于"品质独特"型项目则通过"出嫁"方式寻求行业优势企业的合作。

3. 草根创业型项目孵化培育路径

（1）科技成果项目化（基础教育）

推进技术产品化、工程化及市场化验证，制订产业化规划及商业计划，着力于项目的商业价值挖掘。

（2）引进特别合作伙伴

根据项目特点和发展需求，引进战略合作伙伴参与组建项目公司（由项目团队主导），通过合作伙伴的参与加持赋能，改善资源背景和资源附加，着力于推进去草根化改造。

（3）引进战略投资人

根据项目总体发展计划，选择引进具有要素资源、市场资源、政策资源背景的战略投资者，着力于推进产业化、规模化发展。

（4）寻求行业优势企业并购重组（"入赘"或"出嫁"）

项目公司培育发展到一定阶段，具备重组运作的条件，通过"入赘"或"出嫁"方式寻求行业优势企业并购、出让项目公司控股权，着力于行业优势产业主导独立发展，或者推进与自身产业的融合发展。

科技成果转移转化、科技项目与公司孵化培育，是一个较为复杂的系统工程，涉及技术、经济、市场、金融、政策等多方面因素，项目由若干要素构成，实际情况具有多样性，同时还受到各种环境因素的影响和制约，所以项目孵化培育模式与路径也不可能简单地公式化、程序化。尽管如此，项目孵化培育仍然有一些规律可以研究、总结和遵循。选择"独木成林"型、"品质独特"型、科研型、草根创业型等四类项目进行孵化培育模式与路径的基本思路探索，继而研究项目孵化培育的基本思路与逻辑，结合实际、综合理解和认识项目孵化培育的核心要义，由于项目自身情况、项目背景、外部环境差异的客观存在，需要因地制宜、因材施教，切不可千篇一律。对于项目孵化培育而言，一定要结合项目实际，选择符合项目特点、满足项目需求、适合项目发展的项目孵化培育模式与路径。

第七节　项目孵化培育需要重视的相关问题

一、从项目孵化培育角度必须关注的三个核心问题

无论是来源于技术端的科技成果转移转化项目，还是来自于市场端的产业发展需求项目，其孵化培育都需要经过项目选择策划、项目组织实施、项目合作推进的漫长过程。这个过程涉及项目孵化培育的技术与产品开发、团队建设、资源整合、市场验证、客户培育等方面，可以说是一个较为复杂的、带有浓厚"求证意义"的系统工程。

项目孵化培育怎么样才能更顺利一点，怎么样才能有一个更好的结果（具有基本的生存能力，或有机会引进合作伙伴，或被人并购，甚至是间接或直接IPO）？从项目选择开始到项目孵化培育的全过程，尤其是中早期需要关注并持续解答"项目孵化培育的三个核心问题"，这对于项目孵化培育工作开展有一定的帮助。

（一）项目是什么

"是什么？"这是项目孵化培育的第一个核心问题，是指项目的核心基础是什么、怎么样，重点是支撑项目的"底层核心技术"。

一是支撑我们项目的"底层核心技术"是什么。是新材料（具有优异性能和新功能的材料）、新设计（新的设计理念和方法）、新工艺（新的制造方法和技术）、新算法（基于计算机科学和信息技术解决问题的新方法和步骤）、新软件（新操作系统、应用软件），还是人工智能（AI）、物联网（IoT）、生物技术、能源技术、纳米技术、虚拟现实（VR）和增强现实（AR）、区块链技术等等，需要深入理解项目核心技术的特点。

二是支撑我们项目的"底层核心技术"怎么样。技术创新点（相较于现有技术的优势和创新之处，技术先进性，如性能提升、成本降低、功能增强等），技术成熟度（新技术发展的阶段，研究、试验、商业化，以及能用性、易用性、稳定性、可靠性、可拓展性），以及新技术在研发、推广和应用过程中可能面

临的风险和挑战，如技术风险、市场风险、政策风险等。

三是技术的创新、发明、设计等知识产权。专利、商标、著作权、商业秘密等多种形式，权属主体是否清晰。

（二）项目做什么

"做什么？"这是项目孵化培育的第二个核心问题，是指技术项目如何产品化，这是一个涉及到产品开发、市场营销、项目管理等多个领域的复杂问题。

一是确定目标市场：首先，我们需要明确产品的目标市场，这是产品化的第一步。我们需要了解目标市场的需求规模、竞争情况、消费者需求等信息，以便我们能够开发出满足市场需求的产品。

二是产品设计：在明确了目标市场后，我们需要进行产品设计。这包括产品的功能设计、外观设计、用户体验设计等。我们需要确保产品的设计能够满足目标市场的需求，同时也要考虑到产品的生产成本和销售价格。

三是产品开发：在产品设计完成后，我们需要进行产品开发。这包括产品的原型制作、测试、修改等过程。在这个过程中，需要与研发团队紧密合作，确保产品的质量。

四是市场推广与验证：在产品开发完成后，需要进行市场推广。这包括产品的定价、销售渠道的选择、广告的制作和发布等。通过有效的市场推广，验证目标市场消费者对产品的了解和购买的可能。

五是项目管理：在整个产品化过程中，项目管理是非常重要的。需要制定详细的项目计划，监控项目的进度，确保项目能够按照计划顺利进行。

六是持续优化：产品化并不是一次性的过程，需要根据市场的反馈，持续优化我们的产品。这包括对产品的功能进行升级，对产品的外观进行改进，对用户体验进行优化等。

总的来说，技术项目如何产品化，需要针对具体的应用场景，围绕技术产品化在多个方面进行深入研究和实践。只有这样，我们才能成功地将技术项目转化为成功的产品。

（三）项目怎么做

"怎么做？"这是技术项目孵化培育的第三个核心问题，是指项目如何公司化、商业化，重点是商业模式设计和商业路径选择，包括但不限于科技创新、企业管理、市场营销和投资融资。

一是确定目标市场和需求：首先，需要对目标市场进行深入的研究，了解潜在客户的需求和痛点。这将有助于确定项目的发展方向和核心竞争力。

二是制定详细的商业计划：商业计划是项目孵化培育的基础，它包括项目的目标、市场分析、竞争策略、运营计划、财务预测等内容。一个详细的商业计划将有助于吸引投资者的关注和参与。

三是组建专业团队：一个成功的技术项目需要一个多学科的团队，包括技术专家、市场营销人员、管理人员等。确保团队成员具备相关领域的专业知识和经验，以便更好地推动项目的发展。

四是寻找合适的孵化器或加速器：孵化器和加速器是技术项目孵化培育的重要支持机构，它们为初创企业提供办公空间、资金支持、导师指导等资源。孵化器或加速器的选择是为项目的商业化寻找合适的发展平台。

五是建立合作关系：与其他企业、高校、研究机构等建立合作关系，可以帮助获取更多的资源和支持，提高项目的成功率。

六是营销推广：通过各种渠道进行项目的宣传推广，提高项目的知名度和影响力。这包括线上营销（如社交媒体、内容营销等）和线下活动（如参加行业展会、举办研讨会等）。

七是持续优化和改进：在项目发展过程中，不断收集用户反馈，对产品和技术进行优化和改进，以满足市场的需求。同时，关注行业动态和技术发展趋势，确保项目始终保持竞争力。

八是寻求投资和融资：根据项目的发展阶段和资金需求，寻求合适的投资和融资渠道，包括天使投资、风险投资、政府补贴等。关键是业务经营与项目经营的协同。

九是评估项目成果：定期对项目的成果进行评估，以确保项目按照预期的方向和目标发展。这包括市场份额、营收增长、客户满意度等方面的指标。

总体而言，是什么、做什么、怎么做是项目孵化培育的关键所在。"是什么"围绕项目的技术内涵、特点、优势、创新性、成熟度和知识产权，核心是技术基础。"做什么"围绕项目产品化过程相关方面研究，核心是市场需求引导下的应用场景及要求。"怎么做"围绕项目孵化培育方法和路径选择,核心是商业化模式设计和安排。

二、从企业孵化培育角度必须系统思考的几个问题

开展项目孵化培育,基本属于以科技创新与成果转化为底色的科技创业,突出"项目企业化"的创业企业培育与发展,需要系统思考和研究相关问题。

(一)创业的初心究竟为了什么

不同的创业者一定有不同的想法和初心,是为了科技报国以酬家国情怀,为了挣钱谋求财务自由,为了自己安排自己的活法,还是为了生计所迫,或者为了一种人生体验……不同的创业初心和目标,结合自身的客观条件和拥有的资源状况,可能选择完全不一样的创业路径,也就形成对创业机会与风险的不同界定、选择和应对。

(二)创业的"业"之核心所在

项目公司化过程、初创企业的设立,重中之重在于围绕"业"的设计和安排:企业的核心业务定位,业务商业模式,资源与能力基础,团队及竞争优势,目标市场与客户,清晰干什么、怎么挣钱、凭什么挣钱的核心业务逻辑。这些设计和安排是闭门造车,还是源于"业态"分析,即对行业竞争状态,尤其是市场需求、容量、分布及发展趋势,竞争者、供应链等状况进行系统研究之后,守住创业初心,抓住属于自己所创之"业"。随着市场的变化和自身资源的积累、能力的提升,"业"的内涵、结构和形式可能都将发生适应性、发展性、变革性变化。

(三)创业初期5—8年如何熬过

正如杭州一位创业者分享的《创业思考》所讲述的赛道选择、搭档选择、孕育期度过、产品规划、团队建设、第一桶金、资金争取、公司估值……,重要的是验证公司核心业务逻辑,真正打通核心业务链,打基础、实战历练、熬过初始阶段,完成资源项目化、项目企业化,企业才得以生存下来、完成初创并基本成型。

（四）熬过初创期企业未来可能的三种状态

源于外部环境机会、赛道与业态选择、自身的资源禀赋和能力状态，熬过初创期企业未来可能呈现出三种状态——一是简单经营型，即在一定区域范围内具有一定的生存能力和基本盈利能力，但区域拓展和业务规模都不可能有太大的空间，生存能力大于发展能力；二是融合发展型，即不仅仅具备一定的生存能力，还具有一定的发展基础和优势，但独立成长与发展条件和能力不够，对资源和生态具有较强的依赖性，被并购或许是最好的出路；三是独立发展型，即业务基础、资源条件、竞争优势、市场机会等具备"独木成林"的条件，可以谋求独立上市。

（五）完成初创之后何去何从

世界风云变幻，外部市场环境越来越卷，公司即便是完成初创、熬过初创期存续下来，依然是不进则退，简单维持日常经营的难度非常大。如何强化基础、提升能力、聚集资源，需要在增强生存与发展能力的同时，寻求更好的成长与发展机会。所有企业在如今经济环境下生存与发展都极其不易，更何况一个初创小微企业……完成初创之后是中规中矩、顺其自然，还是逆水行舟、迎难而上？尤其是具备融合发展和独立发展的企业，需要研究如何开展企业项目化运作、企业生态营造。

（六）如何开启初创企业的项目化运作

所谓项目化，就是将初创企业视为具有独立法人资格的项目，不是仅仅盯着公司的业务层面，而是适度跳出来站在企业整体发展角度把企业看作一个项目——企业项目化，研究"项目"的基础条件、优势、劣势、机会和风险，开展项目运作、推进项目化运作。项目化运作的重点不局限业务经营，而在于基于企业业务经营的资源整合（比如创新要素资源、人才、资金引进，政策争取等），为业务经营的开展和企业发展创造更好的条件。对于具有明显综合优势、具备融合发展或者成为独角兽潜质的企业，在加强业务经营的同时，更需要有企业项目化运作意识。企业如此，项目团队也是如此，做项目的同时重视和研究团队自身的经营与运作。

(七）如何积极营造初创企业的发展生态

也许很多人认为企业生态建设是行业大咖、头部企业的事，一个初创企业没有条件和能力营造发展生态。然而，对于在核心技术、团队、产品、行业资质等方面具有独特优势的企业，如果仅仅围绕业务经营开展"简单扩大再生产"，其成长速度、抗风险能力都受限制。对于具备融合发展条件的企业，可以考虑发挥其优势，通过寻找机会融入更大的平台（被并购机会），要么通过"同类项整合"以弥补大平台的业务短缺、要么通过"产业链整合"以助强化、补充产业链，假如此般则有机会融入大平台、产业链之中，自然而然形成适合自身发展的生态环境。对于具备独立发展条件的企业，不仅仅是引入资本，而是通过开放合作，基于资金、资产、资源、智力及创新链、供应链和产业链，在不同阶段引入合作伙伴，建立和完善适合自身发展的资源和生态系统。

选择大于努力，对于一个初创企业而言，亦是如此。未来的机会和出路，除了客观因素外，更取决于对自身状态的判断，对未来发展的适应性设计与安排。当然，开放合作、资源经营、项目化运作、企业生态营造仍然是重中之重，对于具备被并购、IPO条件的企业更是如此。对于科创型企业而言，被并购和IPO无疑都是非常非常好的机会和出路。

第八节 新型研发机构建设

1996年，深圳清华大学研究院的建立，拉开了高校和地方共建的新型研发机构的序幕。2016年，中共中央、国务院印发的《国家创新驱动发展战略纲要》和国务院印发的《"十三五"国家科技创新规划》都提出了要发展和培育面向市场的新型研发机构，构建更加高效的科研组织体系。2018年，中央首次在政府工作报告中明确新型研发机构地位，正式将其纳入国家创新体系。2019年，科技部发布的《关于促进新型研发机构发展的指导意见》明确了"新型研发机构是聚焦科技创新需求，主要从事科学研究、技术创新和研发服务，投资主体多元化、管理制度现代化、运行机制市场化、用人机制灵活的独立法人机构，可依法注册为科技类民办非企业单位（社会服务机构）、事业单位和企业"。依托国家层面重视和各地方政府积极引导扶持，新型研发机构已逐渐成为地方深化科技体制改革的突破口。近年来，在政府部门的支持下，大量涌现承担着基础研究、应用研发、技术转移、创业孵化、产业化、人才集聚和科技金融等综合性功能的新型研发机构。党的二十大报告指出，"教育、科技、人才是全面建设社会主义现代化国家的基础性、战略性支撑"，深入实施创新驱动发展战略、推进高质量发展，形成新的创新创业浪潮，新型研发机构的设立成为新的风口。

本节中笔者结合多年从事相关工作的体验、学习、观察和研究，从技术创新的过程规律和系统规律出发，简要阐述了设立新型研发机构探索"先中试后孵化"模式的必要性，提出新型研发机构建设的指导思想、六个基本原则和五个方面的总体定位，以及新型研发机构建设路径，进而形成关于新型研发机构建设的基本认识。

一、从技术创新规律看新型研发机构建设的必要性

前面基于对技术创新的内涵、特征、结构的深入研究与分析，将技术创新机理归纳为"过程"与"系统"两个基本规律。一是从思想开始，经基础研究、

应用技术开发、工程技术开发、产品生产组织，到市场销售、价值实现，形成技术创新的基本过程，这是任何技术创新活动都必须遵循的创新过程规律；二是技术创新是一个涉及科技、经济、政治、文化等环境，需要投入人才、资金、原料、信息等各种资源并建立相关基础平台的双向、动态、开放系统，也即创新系统规律。

根据"创新过程规律"，由于高校和科研院所的功能职责定位、主导运营机制及资源结构缺陷，科技成果转化难主要集中表现于产研脱节、研发转化断链，从"0到1""1到99""99+1"各阶段的过程中都不同形式、不同程度地存在各种问题，其核心症结在于"中试熟化"阶段（"1到99"）的缺失或越位。高校和科研院所的技术开发普遍存在不愿中试或不能中试的情况，未中试熟化而不能转化或未中试熟化勉强转化，自然导致转化难、效果差。设立"新型研发机构"的主旨就在于推进"先中试后孵化"（"1到99"）的功能设立与完善，真正解决产研脱节、研发转化断链的问题，为科技成果孵化（"99+1"）做必要的功能准备。

根据"创新系统规律"，从创意与研发，到孵化转化，再到工业应用及产业化过程，需要投入人才、资金、原料、信息等各种资源，建立相关资源流动与配置的双向、动态、开放系统。由于没有真正建立高效开放的成果转化系统，导致相关资源及资源主体的缺位、错位以及配置机制失效。设立"新型研发机构"的另一个重要目的就是构建基于技术创新系统的资源配置模式，合理安排高校和科研院所、企业、投资机构、金融机构、科服机构及政府之间的关系（资源配置机制），进而为科技成果孵化（"99+1"）做充分的资源结构设计与资源配置机制安排。

总而言之，设立新型研发机构以探索"先中试后孵化"模式，是着眼于"1到99"过程的功能完善，着力解决产研脱节、研发转化断链问题，围绕"1到99""99+1"进行系统的资源结构设计与资源配置机制安排，是推进产学研深度融合、创新驱动发展的重要选择。

二、新型研发机构建设的总体思路

（一）指导思想

以习近平新时代中国特色社会主义思想为指导，按照党的二十大报告指出的"教育、科技、人才是全面建设社会主义现代化国家的基础性、战略性支撑"要求，深入实施创新驱动发展战略，面向世界科技前沿、面向经济主战场、面向国家重大需求、面向人民生命健康，以"新型研发机构"建设为重要抓手，强化应用技术创新、打通转移转化通道、提升创新主体能级、集聚资源要素赋能、深化开放创新协同，加速推动产业链、创新链深度融合，作为推进科技体制机制创新、强化产业技术供给、促进科技成果转化、推动科技创新和经济社会发展深度融合的重要载体。

（二）基本原则

1. 坚持需求导向

聚焦国家"四个面向"重大需求，结合区域产业优势、企业发展需求及高校和科研院所的创新优势及成果基础，坚持需求导向，明确新型研发机构的主要方向、发展重点和突破口。以产业需求为牵引、应用场景为切入，引导科技成果的中试和孵化。

2. 坚持人才驱动

贯彻人才是第一资源、创新是第一动力理念，实施人才优先发展战略，借助新型研发机构建设，搭建基于科技创新发现人、培养人、凝聚人和发展人的创新人才体系和人才队伍。

3. 坚持开放合作

根据国家总体发展战略、重点区域发展战略，通过新型研发机构建设，针对产研脱节、研发转化断链的问题，搭建开放合作平台，带动产学研融合、区域协同及合作交流，提升创新资源配置能力。

4. 坚持资源整合

围绕先中试后孵化的系统功能与发展要求，通过新型研发机构建设，围绕科技创新、中试孵化，着力建立政府引导、高校院所支撑、企业主导、社会资源市场化运作的资源整合模式。

5. 坚持改革创新

深化重点领域改革与先行先试，重点在激励企业创新、科技成果转移转化、科研管理与科技评价等关键环节，尤其是职务技术成果转化和知识产权运作，加大改革创新力度，为新型研发机构建设与运营提供制度保障。

6. 坚持市场运作

充分发挥市场主体在科技创新资源配置中的核心作用，推进新型研发机构的功能平台建设、要素资源配置和产业资源运作，加快应用技术中试开发和产业化，推进科技成果转移转化。

（三）总体定位

（1）职能定位

新型研发机构总体定位于功能型创新平台，具有一定公益性质，肩负先中试后孵化模式验证、成果转移转化制度创新和科技项目研发转化推动三重职能。

（2）运营模式

根据新型研发机构的总体定位，探索建立政府引导、高校院所支撑、企业主导、市场化运作、企业化运营，技术研发、中试孵化和投资运作协同，以开放合作和资源整合为主要特征的新型研发机构运营模式。

（3）发展模式

以先中试后孵化为核心，探索建立以政府经费与政策支持为基础、创新平台运营为重点、知识产权经营为重心、市场化发展为方向、公益性企业运营为特色的新型中试研发机构发展模式。

（4）评价机制

围绕新型研发机构的总体定位、主要使命及核心功能，以能力建设与制度创新、开放合作与资源聚合、人才培养与中试孵化为重点分别评价机构的建设、运营和发展状态，定性与定量、短期与长期相结合，建立与之相适应的新型研发机构考核评价机制。

（5）主要特点

新型研发机构既不同于传统的高校院所研发模式，也不同于传统的企业技术中心，而是政产学研深度融合的研发模式。不局限于传统的技术开发，而是着重于应用技术的中试孵化、转移转化和产业化推进；不限于从技术供给端出发，更多侧重于产业端的需求牵引和市场引导；需要政府引导、高校院所支撑，更需要行业头部企业起主导作用。

三、新型研发机构建设的实施推进

（一）机构的战略方位选择

新型研发机构的战略方位选择即核心技术领域及产业方向的确定，这是决定新型研发平台规划、建设、运营与发展的重要前提，可以分三个层面进行选择。

一是站在参与支持国家重点产业发展的高度。重点遴选高校科研院所战略性创新成果，组织推进中试熟化、转化和产业化，致力于国家重点产业发展助推。

二是站在省、市重点产业发展层面。遴选行业头部企业共建产业技术创新平台，开展产业引导型技术创新与转移转化，助推行业头部企业的创新资源集聚、创新能力提升、创新人才培养和产业发展升级。

三是站在市（州）、产业园区的区域创新能力提升角度。遴选重点市（州）、产业园区共建区域产业技术创新平台，面向重点专精特新企业开展联合技术攻关、工程技术服务、技术转移与成果转化。

基于三个层面的分别选择可以成为不同定位新型研发机构的战略方向。

（二）机构建设的主要内容

围绕"先中试后孵化"新型研发机构的筹划与基础建设，需要重点抓好四个方面的工作。

1. 创新平台打造

基于新型研发平台的战略方位选择，按照先中试后孵化的客观要求，规划设计定位明确、功能完整、结构合理的新型研发机构平台功能和总体结构，明确具体重点技术领域及相关产业方向，以工程技术研发、中试熟化、孵化转化、投资运作为重点，着力于新型研发机构这台创新机器的功能平台（硬件体系）设计与打造。

2. 创新模式建立

在定位明确、功能完整、结构合理的基础上，根据合作模式和政府引导政策安排，以管理体制、运行机制、配套管理制度建立为重点，突出政府配套政策的改革创新和先行先试，着力于新型研发机构这台创新机器的运管模式（软件系统）构架与开发。

3. 创新团队建设

根据平台功能设计及管理结构需求，以工程技术研发、中试孵化、转移转化、投资运作及机构运营为重点，着力于新型研发机构这台创新机器的支撑体系（人才队伍）设计与建设，尤其是建设一支开放型、应用型专家队伍。

4. 创新资源配置

根据新型研发机构的总体定位与发展规划，对政府引导政策及资源、高校院所创新资源、企业产业资源及社会相关要素资源的聚集与配置进行系统的规划与安排，尤其是要突出基于核心创新资源的资本运营体系构建，即围绕政府政策性资金支持、政府资本性投资引导、企业产业资源和社会资本协同运作的市场化资源配置模式设计与运营。

（三）机构建设的关键点

1. 建立政府合作关系，落实政府引导政策

新型研发机构具有较强的公益性、社会性，政府引导政策是机构建设的重要基础。政府引导政策主要包括：政策性资金（平台建设与运营专项经费、中试孵化专项经费、单项申请的科技创新经费）、政策性资本（运营平台建设专项资本、投资平台建设专项资本）、物理平台（用于机构建设与业务开展）、配套政策（知识产权经营，用于中试孵化的资本管理、机构管理与考核评价等制度创新）。没有政府引导、政策支持，很难推进新型研发机构的建设与运营。

2. 构建开放的资源体系及合作平台

政府引导支持新型研发机构建设不能成为政府下设事业机构,而需要寻求同相关社会资源主体合作,建立开放的资源体系,除了政府政策、资金及国资系统之外,还主要包括高校及科研院所创新资源系统、企业及产业资源系统、市场化投资资源系统、技术转移及成果转化资源系统。背靠资源体系打造新型研发机构开放的合作平台,即以政府政策资源为引导,突出高校和科研院所成果资源和创新能力、重点行业的头部企业产业资源与需求,着力打造与中试孵化转化相配套的社会资源聚合与配置能力。

3. 建立新型研发机构的管理体系

总体架构可以设立三层管理体制和三化运营机制。三层管理体制:决策层(管理委员会),由政府及共建合作方联合组建,负责总体定位、总体规划、重大事项决策及政府政策落实;经营层(研发机构经营班子),负责研发机构的日常运营管理;运营层采用"1+3"模式,即研发机构总部+重大项目运营部、重点企业技术合作部、重点区域合作部。三化运营机制:机构运营企业化、能力建设及中试孵化行政化(政府政策性资金支持)、项目运作及资源整合市场化。

四、国内新型研发机构建设的典型案例

20多年来,国内20多个省市自治区相继出台支持新型研发机构建设的政策以及考核评价办法,逐步探索建立了以政府、高校院所、企业等各类机构为主导的新型研发机构,起到了积极的试验、示范作用。

(一)深圳清华大学研究院

深圳清华大学研究院(简称研究院)由深圳市政府和清华大学共建,以企业化方式运作的事业单位。目标为服务于清华大学的科技成果转化及深圳地区的社会经济发展。研究院首创"四不像"创新体制,形成研发平台、人才培养、投资孵化、创新基地、科技金融和海外合作六大功能板块,成立了面向战略性新兴产业的130多个实验室和研发中心,累计孵化企业3 000多家,培养上市公司30多家。

(二）中国科学院深圳先进技术研究院

中国科学院深圳先进技术研究院定位建设成为国际一流的工业研究院；在人力资源管理、财务官能力、平台建设等多个领域进行了体制机制的探索和实践，在创新生态上形成了"科研+教育+产业+资本"四位一体的微创新体系；以"国有新制"的模式发展，坚持事业单位企业化、市场化运营机制运作；由中国科学院、深圳市政府和香港中文大学合作共建，采用理事会领导下的院长负责制，日常管理工作由三方代表组成的院领导班子负责；从组建开始的定位就贴近市场需求，从科研项目立项再到人才引进均以产业化为目标，累计与华为、中兴、创维、腾讯、美的、海尔等知名企业签订工业委托开发及成果转化合同逾 700 个，合作开展产学研项目申报超过 800 个。

（三）江苏省产业技术研究院

江苏省产业技术研究院发起单位为江苏省政府，由理事会、总院和专业型研究所组成，总院为具有独立法人资格的省属事业单位，实行理事会领导下的院长负责制。产研院实行"一院+一公司"管理体制，总院不承担具体研究任务，主要负责科技资源引进、专业研究所建设、重大研发项目组织等，技术研发功能主要由专业研究所承担。产研院100%出资设立的公司主要负责专业研究所投资、海外平台投资、专业园区投资及运营、技术交易平台投资运营、管理研发投资引导基金。同时，产研院通过合同科研的方式，学习了德国弗朗霍夫学会模式的经验，突破了传统研究所对财政经费的依赖，实现了自我造血。

（四）上海大学江西材料基因组工程产业工程研究院

江西省湘东区政府引进上海大学材料基因组工程研发创新团队，成立上海大学江西材料基因组工程产业工程研究院，湘东区政府为工程研究院无偿提供物流空间和实验室设备仪器，并设立 5 000 万元产业孵化基金用于支持研究院科研成果产业化。同时，湘东区政府和核心企业以实际投资入股，创新团队核心成员以技术持股，按现代企业制度运行。

（五）石河子辽疆工业技术研究院

石河子高新区结合辽宁援疆，与辽宁中国科学院化学物理所、石河子天业集团共同成立非企独立法人的非营利组织机构——石河子辽疆工业技术研究院。石河子高新区结合辽宁援疆资金制定《辽疆科技创新资金管理办法》和分12项资金方向发布指南,支持辽疆工业研究院物理空间、设备和研发经费。辽宁中国科学院化学物理所提供技术和核心团队支持,天业集团提供项目研发资金和优先应用项目成果。

(六)江西中科特瓷新材料研发中试孵化中心

江西中科特瓷新材料有限公司与中国科学院上海硅酸盐研究所签订合作协议,采取龙头企业控股、院校技术团队持股的合作模式,探索通过深度利益捆绑组建新型研发机构"江西中科特瓷新材料研发中试孵化中心"。

(七)威海市产业技术研究院

威海市产业技术研究院为市属独立事业法人单位,实行理事会领导下的院长负责制,采取市场化运作,坚持"政府统筹、市场导向、多元参与、开放共享"原则,统筹全市高端科技创新平台建设,加快集聚国内外高端创新资源,提升区域创新能力,打造科技创新的"航标灯塔"和"金字招牌";充分发挥研究院"1"的龙头牵引作用,引领"1+4+N"创新平台体系积极融入和服务全市经济主战场,以赋能产业为鲜明导向,以提升平台创新效能为重点,力促新起点上能级再提升、人才再集聚、成果再扩大,为全市高质量发展赋能加力。

总体来说,新型研发机构的策划与建设,前提是同地方政府确立目标明确、定位清晰、政策配套的战略合作关系;核心是全面推进确立开放合作理念、建立资源整合模式;关键是决策机制设计、管理体系构建、骨干团队建设;重点是同院所高校、头部企业、科创服务及投资机构的合作模式设计、合作对象选择及合作工作推进。

第九节　企业引导型创新转化模式

一、两种创新转化模式的比较分析

创新模式是指在创新过程中，各个环节、各个方面相互联系的方式，包括战略与目标、结构设计、资源配置和运营管理等。它反映了一个企业或组织的创新能力，包括技术创新、产品创新、管理创新、供应链创新、商业模式创新等各个方面。其中，技术创新模式是反映技术创新规律性的创新形式，即技术创新在实际运行过程中，根据实际技术状况而采取的推动方式。

从技术创新的机理分析，它不仅是从技术研发、转移转化到产业化推进的过程，也是一个涉及各个方面，需要各种资源参与的系统工程。从成果转移转化的维度，按照创新工作的主导作用可分为技术主导型创新转化模式和企业引导型创新转化模式。

（一）技术主导型创新转化模式

技术主导型创新转化模式指在技术研发、成果转移转化和产业化推进过程中，技术资源和研发能力主体起着主导作用的技术创新模式。这种模式有三个明显的特点：一是技术创新工作基本上是以科研院所和高校为主体，主要由研究院所和高校主导；二是技术创新方向与重点选择更多是基于研究院所和高校现有技术基础、研发条件和团队优势；三是技术团队在技术创新、成果转移转化过程中起着决定性作用。

（二）企业引导型创新转化模式

企业引导型创新转化模式指在技术研发、成果转移转化和产业化推进过程中，企业的技术需求、产业资源和市场能力起着重要引导作用的技术创新模式。这种模式也有三个明显的特点：一是突出企业主导地位，企业的技术需求、产业资源、市场能力和市场机制等，在技术创新方向引导、资源保障、成果推广和产业化推进等方面发挥重要作用；二是突出技术支撑，技术创新活动的开展仍然以科研院所和高校为重要支撑，技术团队在技术开发、产品化与工程化、产业化推进过程中仍然起着重要作用；三是突出需求牵引，技术创新方向与重点的选择更多是基于企业发展的技术需求，同时兼顾科研院所和高校所拥有的技术基础、研发条件和团队优势。

二、推进从技术主导型向企业引导型转变的必要性

《中共中央关于坚持和完善中国特色社会主义制度　推进国家治理体系和治理能力现代化若干重大问题的决定》中明确提出，建立以企业为主体、市场为导向、产学研深度融合的技术创新体系的目标要求。党的二十大报告指出，"加强企业主导的产学研深度融合，强化目标导向，提高科技成果转化和产业化水平。强化企业科技创新主体地位，发挥科技型骨干企业引领支撑作用"。进一步明确了企业在国家创新体系中的地位，以及企业在全链条创新中需要发挥的更大作用。基于此，如何实质性推进产学研深度融合的技术创新体系建设，真正落实企业作为创新主体的地位，成为研究、部署和推进技术创新工作的重心。

（一）技术主导型技术转化模式的三个局限

一是技术创新方向的选择与市场需求的结合度不够，重技术而轻应用，大量的创新成果处于产品化、工程化前期的技术状态，导致成果转移转化及产业化推进非常困难；二是研究院所和高校的机构特点决定技术创新资源结构严重不合理，进入产品开发、工程化、中试孵化阶段后尤其突出；三是实验室开发模式同市场化机制接轨不畅，从而导致市场方向选择、市场资源利用、市场化创新与成果转移转化模式建立受到影响。

（二）企业引导型创新转化模式的五个优势

一是在企业的引导下，技术创新方向和重点的选择源于企业技术发展需求，客观上实现了同市场需求的紧密结合，增强了技术创新的针对性，有利于创新成果的推广应用；二是企业引导型创新转化模式充分发挥在技术创新过程中企业的引导作用以及研究院所和高校的支撑作用，优化资源配置、实现优势互补，二者相得益彰；三是企业引导型创新转化模式是成果转移转化方

向转变与模式转型的有机结合，是推进产学研深度融合发展的重要方式；四是建立企业引导型技术转化模式，充分发挥企业对技术创新的需求引导、资源保障和应用推进等作用，可以更有针对性地带动成果转移转化，减少盲目开发、泛转移转化；五是以企业承载主体建立企业引导型技术创新模式，有利于企业创新资源集聚、创新人才培养、创新能力提升、产业发展助推，更好地促进行业头部企业的高质量发展。

企业引导型创新转化模式的实质是以企业技术发展需求为引导，以研究院所和高校技术基础与能力为支撑，以社会创新要素资源利用、创新人才培养、企业创新能力提升和成果转移转化带动为重点，以开放合作、资源配置为重心，以市场化、企业化创新机制建立为根本的产学研深度融合技术创新模式。因此，推进从技术主导创新转化模式到企业引导创新转化模式的战略转变，是创新思维、创新方向和创新模式的重大调整，是贯彻落实建立以企业为主体、市场为导向、产学研深度融合技术创新体系的客观要求，也是推进企业成为创新主体战略落地的重要途径。

三、建立企业引导型技术创新模式的主要形式

关于创新转化模式建立具体形式的研究，需要从技术创新的过程与系统两大规律进行深入分析。基于技术创新过程规律可以将技术创新过程拆分为技术与产品研发、成果转移转化与应用、产业化推进三个大的阶段；基于技术创新系统规律可以将技术创新系统分为技术创新要素资源、企业及产业资源和资本资源三个大的方面。三个阶段及三个方面基本涵盖了技术创新的全过程和主要资源系统。

经过多年的探索与实践，成果转移转化以研究开发、企业孵化和创业投资为重点形成了研发平台、孵化平台和创投平台等创新平台建设与运营模式。虽然缺少企业的参与，特别是行业头部企业的参与，没有真正形成产学研的深度融合发展，不过以研究开发、企业孵化和创业投资为重点的创新平台建设模式是值得借鉴的。以此为基础融合三个阶段及三个方面的特征与需求，寻求同行业头部企业的合作，系统研究行业头部企业的资源、能力优势和高质量发展需求，强化企业技术创新及成果转移转化过程中的引导作用，以企

业引导型研发模式、孵化模式和投资模式为重点构成企业引导型创新转化模式的主要形式。

（一）企业引导型研发平台

企业引导型研发平台是以企业技术中心、工程技术平台、工业技术研究院等新型研发机构、中试熟化平台为主要形式，实行政产学研合作，建立政府支持、企业引导、研究院所和高校支撑、市场化运作模式。其致力于企业发展的创新资源集聚、创新人才培养、创新能力提升、创新成果转化和产业化推进。其主要根据企业未来发展需要开展新技术、新产品研发；企业制造系统信息化、智能化和数字化改造升级；为企业产业发展相关的科技成果中试熟化、转化和产业化前期准备。企业引导型研发平台既不同于传统的企业研发模式，也不同于研究院所和高校的研发模式，企业在技术创新的研发方向选择、研发条件提供、研发机制设计、研发资源配置和研发成果应用等方面发挥重要的引导作用。与此同时，注重政府的政策支持、研究院所和高校的技术支撑和社会资源的充分利用，以求更强的技术创新方向性、更好的环境条件、更优的资源结构和更通畅的成果转移转化与应用。

（二）企业引导型孵化平台

企业引导型孵化平台是以众创空间、专业孵化器为主要载体，实行政企管合作，建立政府支持、企业引导、专业机构运营、市场化运作模式。其立足于具有明确产业方向的科技项目公司化转化、科技型初创公司孵化培育。企业引导型孵化平台完全不同于一般的"泛"孵化平台（没有行业和专业方向、不分项目和企业状态，犹如不分专业和年龄层次的学校），而是充分发挥行业头部企业的产业发展配套条件、行业资源背景和市场资源优势，利用企业制造配套能力，根据企业产业发展方向建立专业的众创空间和专业孵化器，营造适合成果熟化转化、企业孵化培育的微观创新转化生态环境（行业与产业背景、专业化制造与服务条件和产业链或产业集群下的市场机会），集聚社会创业团队和初创企业，在推进科技成果公司化、科技企业商业化和孵化培育、开展社会化专业孵化服务的同时，也为行业头部企业培育产业化后备项目。

（三）企业引导型投资平台

企业引导型投资平台是以创投公司、创投基金为主要形式设立企业参与的创业投资平台，实行政府引导、企业主导、投资机构运营、市场化运作模式。其立足于技术创新及成果转移转化过程中资本发挥的引导和推动作用，以股权投资方式开展创业项目（企业）投资孵化，促进科技项目公司化、科技型小微企业的商业化、规模化。资本（资金）是技术创新过程不可缺少的重要资源，技术创新过程的资本（资金）体系设计与资本（资金）运营成为推动技术创新及成果转移转化的重要力量。除政府的政策创新引导资金外，引入创业投资（VC）模式，设立创业投资平台，成为技术创新发展的结构性、功能性需要。行业头部企业参与的企业引导型投资平台更是带动技术创新及成果转移转化的重要方向，在开展创业项目（企业）投资孵化的同时，也为企业后续产业化发展进行科技项目储备和企业培育。

以企业引导型研发模式、孵化模式和投资模式为重点，探索建立企业引导型创新转化模式可以实现一举两得。一方面借助行业头部企业的资源、能力优势和技术需求形成对技术创新及成果转移转化的巨大引领、带动作用，企业引导型创新转化平台将成为一块磁铁，强势吸附更多的创新要素资源、科技人才、科技成果、创业团队、科技型小微企业聚集于平台之上；另一方面通过建立企业引导型创新转化模式，立足于资源和能力优势，特别是企业发展需求，基于"开放合作、资源整合"建立开放的创新平台与发展格局，可以帮助企业聚合更多创新资源、快速提升创新能力、促进持续稳步发展。

总之，以企业引导型研发平台、孵化平台和投资平台为重点，以行业头部企业为支撑的企业引导型创新转化模式的建立，将成为以企业为主体、市场为导向、产学研深度融合技术创新体系建设的重要形式，也是推进技术创新及成果转移转化的重要方向和路径。

第十节 技术转移业务生态结构

2023年5月15日，中关村论坛新闻发布会上，科技部一位副部长在回答封面新闻记者提问时表示，科技部将继续推进建设高水平国家级技术转移体系，为国家创新体系建设作贡献。他认为："科技成果转化很重要，是推动科技产业和金融良性循环当中的关键环节，缺了科技成果转化，产业和金融就连不起来；是推动经济社会高质量发展的重要支撑，离开了成果转化，科技和经济很难连在一起；是实现高水平科技自立自强的重要基石，是科技强国建设的重要抓手。"

作为促进成果转化的重要手段，建设高水平国家级技术转移体系是宏观层面的重要方向和战略目标。而微观层面技术转移的业务生态结构设计则直接影响技术转移体系建设的落地、技术转移工作的开展和技术转移市场化、产业化发展。

纵观近30年国内围绕成果转化的技术转移活动开展，其业态结构主要包括技术转移服务、孵化器经营、技术平台建设、创业投资、技术转移物理平台开发等五个方面。其中以起步较早、发展很好、影响非常大的深圳清华大学研究院为代表，集中展示了技术转移的业务生态结构模式。

一、技术转移业务生态结构

技术转移业务以技术转移服务为基础，围绕科技成果转移转化延伸出孵化器经营、新型研发机构建设、创业投资和物理平台开发，形成了技术转移业务生态结构。

（一）技术转移服务

技术转移服务是技术转移微观生态的基础功能和业务，具体呈现于各种形式的技术转移中心所开展的技术资源与需求梳理、产学研对接、科技成果推广、科技项目评价与商业运作、科技成果交易促进等技术中介服务。

（二）孵化器经营

建立以科技项目公司为重点的企业孵化器，为科技型小微企业的培育与发展提供物理空间、配套政策和服务等成长与发展条件，是技术转移、成果转化过程中科技项目公司化发展的客观需要，也是推进成果转移转化的重要路径。

（三）新型研发机构建设

开展科技成果转移转化过程中，在促进成果推广、产研对接的同时，构建以政府为引导、企业为主体、高校院所为支撑的新型研发机构，是围绕企业创新能力提升、高校院所创新资源开发、推进产学研深度融合发展的重要模式。

（四）创业投资

随着技术转移活动的纵深开展，将投资机制引入技术转移过程，利用资本的引导和推动作用促进科技成果的项目化和公司化，逐渐成为技术转移的客观需要，也成为技术转移业态的重要组成部分。

（五）物理平台开发

技术转移活动的系统开展，无论是科技成果的展示交流，还是中试研发、项目或企业孵化都需要物理空间，结合技术转移的特殊性，以科创中心、科技园、孵化器等形式打造相对集中的技术转移物理平台，成为承载技术转移工作的重要载体。

技术转移服务、孵化器经营、新型研发机构建设、创业投资和物理平台开发，如同"技术转移业务生态屋"的五扇门。不同的业务模式或许其主要业务门的选择有所差异，有的是服务、有的是研发、有的是平台，但无论从哪扇门进，大都会"五门"齐开、殊途同归。

二、技术转移业务生态的内在关系

以技术转移服务为基础，围绕科技成果转移转化的孵化器经营、新型研发机构建设、创业投资和物理平台开发，所构成的技术转移微观业务生态，是一种相互协同、相互依存、相互促进的共生关系。

（一）基于技术转移的结构化分工

技术转移服务是重要基础，孵化器经营、新型研发机构建设、创业投资根据科技成果转移转化的需要进行资源、能力和专业服务提供，物理平台开发则是专业、专用的技术转移物理空间和配套环境保障。总体而言，技术转移五个方面的业务包含了技术转移所需的各种服务提供、要素资源配置与能力建设，需求、资源与能力之间相互协同、依存、促进而共享共生，进而形成比较完整的功能体系。

（二）基于技术转移的商业化运作

围绕科技成果转移转化所开展的技术转移服务、孵化器经营、新型研发机构建设、创业投资和物理平台开发，其实是将物业经营、研究开发、投资经营和房地产开发等相关成熟的业务模式引入技术转移过程，在政府政策引导下建立相应的业务模式，形成技术转移微观生态的核心商业逻辑和商业化运作机制。

（三）基于技术转移的产业化发展

以技术转移服务为基础，孵化器经营、新型研发机构建设、创业投资和物理平台开发为重点，各自按照商业规则相对独立经营，总体协调发展则构成以技术创新、科创服务、创新载体开发和创业投资为重心的技术转移商业化、产业化发展模式。

三、技术转移业务生态的商业逻辑关系

（一）技术转移服务是基础

技术转移服务一般可以分为产研对接服务（传统中介服务）、技术评价服务（专业服务）及项目运作服务（资源配置服务）。技术转移服务是技术转移活动开展的基础，但早期公益性色彩浓重，简单的、纯粹的技术转移服务业务化难度很大，没有政府的支持很难维系其正常运转。

（二）科技项目运作和公司化是技术转移的重心

随着技术转移活动的不断开展，在技术转移服务的基础上，围绕重点科技成果转移转化的"科技项目运作"的重要性日益凸显，科技成果项目化、科

技项目公司化及商业化逐步成为技术转移工作的重心；不仅需要引入新型研发（针对科技成果项目化的中试研发机制）、创业投资（针对科技项目公司化的投资机制）、科技孵化器（针对科技公司承载环境与条件的孵化培育机制），还需引入专业服务和资源配置服务。技术转移活动将逐步呈现专业化、业务化、商业化发展态势，其内涵中传统的中介服务也发生了深刻的变化。

（三）物理平台开发成为商业重点

在技术转移不断推进的过程中，因新型研发机构建设、创业投资和孵化器经营的投入较大、投入回报周期较长，政府纯粹的资金补助方式并不能满足其要求，技术转移活动的开展，尤其是技术研发、项目运作和企业孵化需要承载空间，加上科创事业发展也需要一定的形象展示。因此，以技术中心、孵化器、科技园等为主要形式的科创平台打造（物理平台开发）逐步成为技术转移过程中的重要业态，政府从简单的资助补助转变为土地提供、资金补助、优惠政策等协同模式（其中土地开发部分收益成为支撑物理平台建设与运营的重要资金来源），实现技术转移服务内容与形式的有机结合。伴随国家相关政策的出台，政府提供土地由相关机构开发的方式逐步演变为政府出资负责物理平台建设的新模式。

四、深圳清华大学研究院案例解析

深圳清华大学研究院是深圳市政府和清华大学于 1996 年 12 月共建，以企业化方式运作的事业单位，实行理事会领导下的院长负责制。研究院创立了"四不像"理论，即文化不同：研究院既是大学又不完全像大学；内容不同：研究院既是科研机构又不完全像科研院所；目标不同：研究院既是企业又不完全像企业；机制不同：研究院既是事业单位又不完全像事业单位。

研究院依据深圳市及国内外科技、产业发展趋势和企业需求组建技术研发支撑平台。建成了宽带无线通信、电子信息技术、新材料与生物医药等研究所，并下设若干实验室和研发中心。

（一）组建国际技术转移中心

研究院先后与 200 多家企业签订技术合同 400 多项，组织实施了高端半导体激光器、盐碱地治理改造、地面数字电视国家标准、先进复合材料等 150 多项科技成果转化。先后创立北美创新创业中心、欧洲中心、俄罗斯中心、德国中心、以色列中心，从国际上引进优质人才和科技项目，并将国内的优势科技项目推向国际。

（二）成立深圳力合孵化器发展公司

深圳力合孵化器发展公司经过十几年的发展，已逐步探索出"科技创新孵化器"的经营发展模式，建立了完善的"科技创新孵化体系"。

（三）打造力合教育品牌

研究院集聚了 300 多名教授、博士、高级研究人员和海归学者，建成深圳市最大的企业博士后工作站，培养超过 80 名博士后。举办 EMBA（高级管理人员工商管理硕士）、MBA（工商管理硕士）、高级工商管理人才培训班，培养了 3.5 万名企业和政府的高级管理人才。

（四）创建力合创业投资公司

1999 年创建力合创业投资公司，2015 年更名为力合科创集团，为研究院绝对控股的专业化、市场化的投资平台，参与成立和受托管理基金 11 只，管理基金规模 40 亿元。

（五）建立科技园开发与发展模式

以深圳为基地和内核拓展了在珠三角业务空间，先后建成东莞创新中心、珠海创新中心、佛山创新中心，及清华信息港（深圳）、清华科技园（珠海）、力合佛山科技园、江苏数字信息产业园等一系列高新产业园区，同时大力建设力合清溪科技园、力合顺德科技园。

深圳清华大学研究院从研究院这扇"研发业务门"进入，随着研究院自主创新孵化体系的形成，实现了研发平台、技术转移服务（国际合作）、企业孵化、教育培训、投资与科技金融和创新基地（平台）六大板块互动发展，形成了深圳清华大学研究院独特的技术转移业务生态与发展模式。

第十一节 基于成果转移转化的技术创新经营模式

技术创新、成果转移转化已经成为从政府到高校、科研院所、企业、投资与服务机构等社会相关的各个方面共同关注、关心的问题,涉及理论、政策、方法与路径研究与实务探索的各个层面。基于创新体系建设的总体框架,关于技术创新与成果转移转化的思路与方法,可谓百花盛开、千姿百态,有效地推动了技术创新的发展及相关工作的进展。本章针对成果转移转化的基本做法与所面临主要问题,基于推进技术创新及成果转移转化思路与方法的点面结合、由点到面的系统认识,继而提出建立基于成果转移转化的技术创新经营模式的总体思路和主要路径。

一是系统认识技术创新规律、梳理成果转移转化工作现状。

认识技术创新内涵及其两大规律对研究技术创新与成果转移转化具有重要意义。技术创新不仅是研究与开发,而是一个全过程的概念。从广义技术创新的内涵可以总结出技术创新的两大规律。一是技术创新的过程规律,二是技术创新的系统规律,这是任何技术创新活动都必须遵循的两大客观规律。对技术创新内涵及两大规律的认识,是开展技术创新尤其是成果转移转化探索与实践的重要认识和理论基础,围绕成果转移转化的创新链与创新生态设计、创新路径选择、创新资源配置和创新制度安排,都源于技术创新过程规律和系统规律的认识与基本遵循。

从国内总体情况看,推进成果转化的主要路径包括技术转移、企业孵化、投资运作及创新平台建设等,形成了成果转移转化的"3+1"基本模式。"3"为以技术服务、科创服务、成果转让、技术作价为主要方式,通过技术转移、孵化服务和投资运作促进成果转移转化。"1"则是围绕科技成果转移转化,以工程技术开发、企业孵化和投资运作为重点搭建相应的平台,通过创新平台建设与运营促进成果转移转化。在政府的引导和推动下,无论是科研院所和高校、各种科创服务中介机构,还是地方政府(园区)的事业机构从事科创服务与成果转移转化,普遍做法大多属于"3+1"基本模式或者由其演变。

成果转移转化仍然面临的四大主要问题。关于成果转移转化面临的问题和困难，体制、机制、政策、结构、环境、方式、方法等等，涉及方方面面。站在宏观角度、从底层分析，成果转移转化仍然面临转移转化的方向、转移转化的模式、研发和生产脱节、研发和转化断链等四个方面的问题。虽然从政府到高校院所、企业和服务机构各个方面都在努力解决成果转移转化存在的各种问题，不过总体而言，方向、模式、脱节和断链仍然是成果转移转化所面临的宏观性、深层次问题，仍然是影响成果转移转化的主要问题。

二是着力推动五个转变，推进成果转移转化向技术创新经营模式转型。

根据技术创新特点和规律，针对影响成果转移转化的四大问题化解，结合系统推进成果转移转化的需要，坚持问题导向原则，以企业为主体、市场为导向、产学研深度融合技术创新体系构建为方向，通过推动五个方面的转变，即成果转移转化方向由技术主导向市场主导转变、成果转移转化模式由 X 型向 Y 型转变、从单一的成果转移转化向创新资源综合开发模式转变、从传统成果转移转化向创新发展模式转变、从内化型成果转移转化向资源配置型创新模式转变，推进成果转移转化向技术创新经营模式转型，构筑系统推动技术创新与成果转移转化的重要基础。

三是以三条主要路径探索为重点，推进基于成果转移转化的技术创新经营模式建立。

选择科技项目孵化与培育商业化模式，作为基于成果转移转化的技术创新经营着力点。技术创新及成果转移转化的成效如何，非常重要的一个方面是科技项目的转化率和转化质量，尤其是重点科技成果的应用与转化，因此科技项目孵化与培育自然成为成果转移转化的重中之重。作为成果转移转化的重点，其核心是建立科技项目商业化孵化模式、选择适合科技项目自身特点和需求的培育模式。

推进新型研发机构建设，作为基于成果转移转化技术创新经营的核心主线。尽管科技项目的孵化与培育很重要，但是从系统推进技术创新与成果转移转化的角度，尤其是促进创新链与产业链双链融合发展的维度，仅仅是科技项目的孵化与培育是完全不够的，探索建设"政府引导、行业头企业主导、研究院所与高校支撑、投资等机构参与、市场化运作、企业化运营"的新型研发机构是推进技术创新经营的重要路径。

建立企业引导型创新转化模式，作为基于成果转移转化技术创新经营的重要平台。行业头部企业具有行业背景、产业规模、创新基础、制造能力、市场影响等综合优势，同时企业要保持高速稳定发展对创新要素资源集聚和创新能力提升又有巨大需求，因而行业头部企业是建立产学研深度融合技术创新体系不可忽视的重要主体。然而，宏观层面以研究院所和高校为主体的技术创新活动与成果转移转化，严重缺乏企业尤其是行业头部企业的参与，也没有充分利用行业头部企业的资源和能力，当然也很难同行业头部企业开展合作、形成深度融合发展的态势，导致创新链、产业链双链融合困难重重。按照"以企业为主体、市场为导向、产学研深度融合"的目标要求，充分发挥行业头部企业的作用，建立企业引导型创新转化模式具有十分重要的探索与实践价值。

综上所述，在国家创新驱动发展战略和高质量发展的大背景下，在技术创新及成果转移转化现行做法的基础上，遵从两大规律、立足破解所面临的四个主要问题，以推动五个转变为基础、突出三条主要路径为重点、建立基于成果转移转化的技术创新经营模式，作为"在推进科技创新与成果转化上同时发力"的探索与实践，对于推进以企业为主体、市场为引导、产学研深度融合创新体系建设，全面提升科技创新与成果转移转化水平，培育和发展新质生产力，促进高质量发展具有十分重要的意义。

第二章
企业创新发展模式

2023 年 3 月 5 日，习近平总书记在参加他所在的十四届全国人大一次会议江苏代表团审议时指出：高质量发展是全面建设社会主义现代化国家的首要任务。必须完整、准确、全面贯彻新发展理念，始终以创新、协调、绿色、开放、共享的内在统一来把握发展、衡量发展、推动发展；必须更好统筹质的有效提升和量的合理增长，始终坚持质量第一、效益优先，大力增强质量意识，视质量为生命，以高质量为追求；必须坚定不移深化改革开放、深入转变发展方式，以效率变革、动力变革促进质量变革，加快形成可持续的高质量发展体制机制；必须以满足人民日益增长的美好生活需要为出发点和落脚点，把发展成果不断转化为生活品质，不断增强人民群众的获得感、幸福感、安全感。

企业是推动高质量发展的主力军，在世界范围内区域性纷争不断、世界经济发展面临困境、国内国际双循环压力巨大、"世界处于百年未有之大变局"的背景下，研究如何创新发展理念、升级发展模式，实现企业尤其是实体经济的高质量发展，具有十分重大的现实意义。

企业经营竞争的核心是围绕企业经营所需资源的集聚能力和转化能力竞争，可以说企业经营的实质是资源经营，企业核心竞争力是基于资源经营的企业张力和企业活力。确立并强化企业资源经营核心理念，以创新型企业人才环境建设、行业头部企业开放型技术创新模式和资源配置型投融资模式建立为重点，突出人才、技术、资本三大核心要素资源经营，构建创新型企业发展观，探索建立基于高质量发展的企业创新发展模式，是贯彻新发展理念，坚持创新、协调、绿色、开放、共享的内在统一，更好统筹质的有效提升和量的合理增长，深化企业改革开放、深入转变企业发展方式的重要尝试。

研究基于高质量发展的企业创新经营，既是推进以企业为主体、市场为引导、产学研深度融合创新体系建设的客观需要，也是借助技术创新经营理念、思想和方法推动企业高质量发展的有益探索。

第一节 企业资源经营观

企业按照自身的运营管理体系、盈利模式和业务基础,开展产品或服务经营活动,不断提升产品市场占有率、综合竞争能力和企业盈利能力,以推动企业不断发展。企业以产品或服务为中心的经营活动需要各种要素资源,要素资源的集聚、配置和有效利用作为基于产品或服务经营的企业资源系统,支撑着企业经营活动的正常开展,从而形成企业自身的运营保障条件和商业生态环境。然而,要素资源不足似乎又是影响和制约所有企业经营发展的永恒难题,无论企业发展处于什么阶段,资源充足是相对的,而资源缺乏却是绝对的。原因何在?一方面,企业永续经营需要不断发展,这对要素资源需求总量、结构、质量和成本的要求必然越来越高,所以企业竞争本质上就是资源的竞争;另一方面,以产品或服务经营为中心的传统经营思想、经营结构和经营方式,决定了企业资源系统支撑和保障的从属地位,必然导致"永远不能满足需要"的状态。基于此,提出基于企业产品或服务经营,引入资源经营理念,探索建立企业资源经营模式、推进企业转型发展的总体思路。

一、确立资源经营理念,建立企业资源经营模式

企业中存在以产品或服务为中心的经营系统与以资源集聚、配置与利用为重点的资源系统,二者相辅相成。企业经营活动既是产品或服务的生产经营过程,也是相关要素集聚、配置与利用过程。一方面,经营系统对要素资源的需求是资源系统存在的要求,资源系统作为经营系统的重要基础、支撑和保障,其状态又直接影响经营系统的状态;另一方面,经营系统随着经营活动的不断开展对资源系统提出更高的要求,而经营系统的经营成果和状态反过来直接影响资源系统运营的商业环境。

确立资源经营理念,打造开放的企业资源体系,更好地满足产品或服务经营及企业总体发展需要。从企业经营环境与生态角度看,企业并非基于产品或服务经营的封闭运营系统。改变传统的经营结构,尤其是调整企业资源

系统的简单支撑保障作用，引入资源经营理念，将资源系统延伸到供应链及要素资源、客户与市场资源，以及战略合作体系、政府等，形成基于产品或服务经营及企业总体发展需要的企业资源体系。确立资源经营理念，着力打造开放的企业资源体系，将各种要素资源有机、有序、有效地集聚于一体，突出资源需求与聚化、资源分布与优化、资源配置与转化，全面提升企业要素资源的集聚能力和转化能力，有效改善企业要素资源供给、配置与利用的总体运营状态，从而更好地满足产品或服务经营及企业总体发展的需要。

建立企业资源经营模式，推进企业资源环境优化与商业生态重构。以开放的企业资源体系为基础，建立企业资源经营模式，并不是改变企业的产品或服务经营这个中心，而是让产品或服务经营成为链接各种要素资源、推行资源经营的纽带和载体。在企业资源经营模式下，企业资源系统不再是简单的支撑和保障，而是基于产品或服务经营的各种要素资源的聚集、配置和转化体系，企业经营则是以资源聚集充分、资源结构合理、资源转化效率、资源利用效益为目标构建企业资源运营及评价体系，基于更好地满足产品或服务经营及企业总体发展需要，营造更优越的企业资源环境和商业生态。

总之，围绕企业资源经营理念研究和推进企业经营模式的转变，当着眼于企业的持续发展，着重于企业产品或服务经营，着力于企业资源环境优化、商业生态改善和资源经营状态的系统考量。

二、企业资源经营的核心在于企业张力与活力提升

企业的张力和活力是体现企业资源经营的水平、状态、效果的综合能力。所谓张力，是指企业基于产品或服务经营"可以"聚合和"能够"聚集所需资源的能力。"可以"是指根据企业经营发展的状态和需要，可以容纳要素资源的能力。并非资源越多越好，也不是再多的资源企业都可以消化。"能够"则是根据资源需求的类别、数量、质量、进度和成本，能够完成和实现资源聚集的能力。并非需要就可以得到，资源的获取是有条件的。所谓活力是企业基于产品或服务经营进行资源配置、资源利用和资源转化的效能（效率与效益），具体体现了企业运营管理状态、产品或服务经营的效果和质量。

企业张力与活力同企业核心竞争力互为条件、相得益彰。被誉为"竞争战

略之父"的美国学者迈克尔·波特（Michael E. Porter）在其出版的《竞争战略》一书中提出了三种卓有成效的竞争战略（总成本领先战略、差别化战略和专一化战略），核心在通过企业竞争战略的设计和选择，寻求企业竞争力提升。普遍认为，企业的核心竞争力一般表现为规模优势、技术优势、经营模式优势、市场占有优势或品牌优势。基于资源经营的企业张力与活力，是形成核心竞争力的重要基础；反之，企业核心竞争力的不断提升，又是企业张力与活力提升的必要条件。换言之，企业缺乏张力与活力，无论选择什么竞争战略，都很难建立核心竞争力；反之没有核心竞争力的企业也很难保持足够的张力和活力。

企业资源经营的核心是围绕企业张力与活力提升，使之成为企业经营发展的重中之重。以产品或服务经营为主导，企业资源系统扮演着产品或服务经营的基础条件和支撑保障作用，基于某种竞争战略、基于产品或服务经营这个核心，企业总是想方设法在规模、技术、经营模式、市场占有或品牌等方面提升核心竞争力，努力构建与之相适应且不断改善的资源支撑保障系统。然而资源系统的局限往往掣肘企业经营发展。引入资源经营理念，拓展企业资源内涵（不仅仅局限于要素资源，涵盖了市场、战略合作、政府及政策资源等）与外延（基于存量资源盘活与增量资源引进协同、静态资源需求与动态资源需求兼顾），建立资源经营模式。企业经营的核心是基于产品或服务经营，围绕企业张力与活力提升，着力推进企业资源体系建设、资源环境优化和商业生态重构。

以资源聚集充分、资源结构合理、资源转化效率和效益为重点，强化资源的集聚、配置、转化和利用，突出企业的张力与活力提升，在形成资源壁垒的基础上建立企业核心竞争优势，并将其作为评价、判断企业经营与发展状态的重中之重，有效推动企业经营模式由传统的产品或服务经营型向资源经营型转变。

三、开展资源经营推进企业转型发展

确立企业资源经营模式是理念导入和战略选择，而开展企业资源经营的战术安排和方法设计，则需要系统筹划、整体推进。可以从以下几个方面着手。

一是编制企业发展规划，着力于企业资源体系建设、资源环境优化和商业生态重构。根据企业总体发展战略和目标，编制企业发展规划，着力于企业资源体系建设、资源环境优化和商业生态重构，明确企业经营发展的要素资源需求，包括资源需求数量、质量、结构、成本、进度等相关要求，作为引领、指导企业经营活动尤其是资源经营工作开展、监督、考核与评价的重要依据，适当的时候结合资源经营状况对企业发展规划做必要的调整和完善。

二是基于资源经营理念，建立与企业资源经营配套的制度体系。鉴于资源经营同产品或服务经营模式的差异，需要根据资源经营特点对企业经营管理制度体系进行调整，突出资源集聚、配置和开放利用系统的工作进展、经营成效、综合能力、整体状态的考核、评价和评估，围绕企业张力与活力建立企业经营考核评价指标体系，将产品或服务经营情况、企业总体经营效果纳入其中作为考核、评价和评估的重要指标。

三是推进开放合作，构建高效的企业资源供给系统，提升资源聚合能力。根据企业经营发展的资源需求，结合企业内部资源状况，建立战略合作、股权合作、产业链布局等多种形式结合的开放合作和资源整合模式。除了原料资源，尤其要突出人才资源、资本资源、创新资源、市场资源，构建开放高效的资源运营系统，改善资源供给环境，不断提升企业资源集聚能力，盘活存量、扩大增量、确保资源总量，优化资源结构。

四是强化资源配置和开放利用，着力提升资源转化效能。围绕企业产品经营，构建企业内部资源管理配置和资源开发利用体系，着力于动态结构优化、供需总体平衡、高效配置转化，探索建立企业资源经营的双高模式（高效率+高效益），通过资源配置与开发利用的良性运营，更好支撑和保障企业产品或服务经营开展，更好地推进企业战略实施和总体发展。

五是处理好资源经营、产品或服务经营和企业总体发展的关系。资源经营为产品或服务经营、企业总体发展服务起支撑和保障作用；产品或服务经营、企业总体发展又为资源经营开展创造条件。所以资源经营既要充分满足产品或服务经营和企业总体发展的需要，又要充分利用产品或服务经营和企业总体发展为资源经营创造的条件。

总而言之，要素资源是企业产品或服务经营和企业总体发展的重要基础，但支撑保障的从属地位始终难以破解企业资源不足之困。引入资源经营理念，拓展资源的内涵与外延，着眼于企业资源体系建设、资源环境优化和商业生态重构，突出企业张力与活力提升，推进企业经营发展模式转型，更有利于促进企业产品或服务经营和总体发展。从某种意义上讲，资源经营不仅仅是一种经营理念，更反映了企业经营能力、企业成长态势和企业发展格局。

第二节　创新型企业人才成长软环境建设

人才是一种资源，是一种资产，更是一种资本。企业竞争本质上是人才的竞争，企业生存与发展的根本在人才。能否基于企业总体发展需要，构建合适的企业人才成长软环境，对于创新型企业更是关乎成败。

一、组织开展发展战略研究，构建"核心事业平台"

"事业"和"待遇"如同人才成长天平上的两个砝码，能否妥善处理二者间的关系决定着企业人才成长软环境建设的优劣得失。适当提高"待遇"的同时，通过"核心事业平台"的构建，实现"事业引人、事业留人和事业养人"，给人才以施展才华的天地与舞台。

构建"企业核心事业平台"，明确企业总体发展思路与目标，描绘发展愿景与中长期发展规划，筹划与设计总体发展模式和组织结构，将战略与目标逐级分解形成"事业链"（战略与目标体系），使企业从上到下都明晰"为什么、怎么为"。这不仅是创新型企业人才成长软环境建设的基本前提，也是制定并实施人才战略的重要依据。

二、树立"以人为本"的核心理念，实现人才管理模式的根本性转变

"以人为本"的人才价值观是基于对人的充分解放和全面发展、以知识的生产和使用，所形成的以人为中心的管理体系和以人为本的组织价值观。人本主义倡导"尊重人、依靠人、发展人和为了人"，强调"人"与"事"的和谐统一。"人"虽因"事"而设，但绝非"事"的奴隶，而是"人"通过做"事"成就其自身。组织和领导者的任务相应地变成了协助每个员工实现个人和组织目标的教练、导师及资源协调人。管理的意义在于创造一种促进员工不断学习的组织氛围，形成组织不断创新的核心能力，因而个人创造性和个性的发挥也就成了组织生存和竞争的核心动力。

从人事管理到人力资源管理，不仅仅是名称和形式，更重要的是内涵和基本观念上发生了根本性转变。人力资源管理以"取得人最大的使用价值、发挥人最大的主观能动性、培养全面发展的人"为目标，更具有长远性、整体性、全面性和战略性。除了传统人事管理的内容外，还包括人力资源的长期规划以及人力资源管理的更高一层境界——启发与培养组织成员的归属感、忠诚心和觉悟。逐步建立和完善新型人力资源管理体系是创新型企业人才成长环境建设的必然选择。

三、建立和完善人才队伍建设的竞争、激励、监督与评价机制

人才是一个特殊的群体，具有先进性、创造性、竞争性，对成长环境的要求有同其他群体之共性，更有其特殊性，需要一个有利于竞争、创新和事业发展的开放环境，同时也要求得到价值承认和自我实现。根据人才自身的特点及其成长规律，建立和完善人才队伍建设的竞争、激励、监督和评价机制，自然是创新型企业人才成长软环境建设的重点。

人才队伍建设涉及面广泛，容易出现重引进轻培养、重任用轻考核、重任用轻监督、重资历轻能力、重"进"轻"出"、重"上"轻"下"等问题，建立和完善人才队伍建设的竞争、激励、监督和评价机制，关键是针对人才的引进、任用、考核、评价与激励等方面做好相关的制度安排。

人才队伍建设的机制建立，重点是逐步建立和完善以教育培训为主导的人才资本积累机制、多种形式结合的人才吸引机制、以市场为主导的人才资源配置机制。建立以"竞争上岗"为主要方式的市场化用人机制，通过人才引进、岗位选择、职务竞聘、课题申请、参加培训等进行公平、公正、公开的竞争，真正实现能上能下、能进能出；建立和完善物质激励与精神激励相结合、正向激励与负向激励相结合的激励机制，特别是引入人力资本理念，建立能体现人才价值的分配机制（比如真正建立企业知识产权共享机制），坚决打破收入分配"资历化"和变相平均主义；建立和完善行政、法律与舆论监督相结合的监督机制；建立和完善定期考核评价、任期考核评价和专项考核评价相结合的考核评价机制，必须对组织成员"该做什么、做了什么、做得怎么样"做出系统分析与评价，而不是流于形式。

四、推进组织文化建设，在企业推进学习型组织建立

组织文化是组织内部成员的共同价值观体系，它表现为组织的风格，以组织宗旨、组织理念的形式得到精炼和概括，它是组织的灵魂，良好的组织文化是组织生存和发展的原动力。因而重视推进组织文化建设是人才成长软环境建设的关键。

在全面推进高质量发展的今天，许多的机遇和严峻挑战并存，在对过去充满骄傲和自豪的同时，我们必须思考如何通过现在的努力去建立未来的骄傲和自豪，特别是在物质条件相对优裕的条件下，如何培养一支既能传承优良传统、又富有开拓创新精神的人才队伍。这就需要进一步推进企业组织文化建设，与时俱进，不断丰富和发展"企业精神"，建立和完善更具时代特色的企业组织文化体系，营造一个更加适合人才成长的软环境。

面对新经济社会带来的各种机遇和挑战，我们别无选择，只有持续提升创造力和竞争力。现代管理理论认为无论是组织还是个人，创造力和竞争力主要来源于其学习力。组织提高学习力的重要途径就是建立学习型组织。推进企业组织文化建设，非常重要的一个方面就是在企业内部建立学习型组织，培养弥漫于整个组织的积极向上的学习气氛，充分发挥员工的创造性、释放创新能力，全面提升学习力。

总而言之，创新型企业成长和发展的核心基础是人才，人才队伍的成长需要一个适合的软环境，而人才成长软环境建设又是一个系统工程——构建事业平台是前提、人力资源管理是基础、机制创新是重点、组织文化建设是关键，需要总体筹划、系统推进、坚持不懈，为了企业的持续健康发展，系统开发人才资源、经营人才资产、运营人才资本。

第三节 行业头部企业开放型技术创新模式

企业技术创新以新技术、新产品研发为重点，是企业创新能力提升、科技创新成果转化、企业核心竞争力和新质生产力形成的重要支撑；企业技术创新同时着重于新装备、新工艺、新材料引进、开发和利用，对于企业制造能力升级和生产效率提升具有举足轻重的作用；企业技术创新还是促进企业组织结构改善、管理创新和转型升级的重要基础。技术创新是引领经济高质量发展的核心动力，抓创新就是抓高质量发展。

一、高质量发展给行业头部企业带来的机遇与挑战

高质量发展是中国经济发展的必然趋势，也是推动中国经济持续健康发展、实现转型升级的内在需要。中国经济正在从数量增长向质量变革、从资源驱动向技术驱动、从传统产业向新兴产业转型。同时，中国经济正在实现增长质量的提升、发展质量的提高和增长速度的稳定，为中国经济持续健康发展打下坚实基础。坚持以推动高质量发展为主题，把实施扩大内需战略同深化供给侧结构性改革有机结合起来，增强国内大循环内生动力和可靠性，提升国际循环质量和水平，加快建设现代化经济体系，着力提高全要素生产率，着力提升产业链供应链韧性和安全水平，着力推进城乡融合和区域协调发展，推动经济实现质的有效提升和量的合理增长。高质量发展无论是从总体发展理念、发展环境、发展结构、政策导向的调整，还是从新发展机会的不断呈现来看，对于行业头部企业的持续发展都将是重大机遇。

当然，在高质量发展背景下，行业头部企业同时面临巨大的挑战。一是高质量发展必将不断推动经济发展质量变革、效率变革、动力变革，坚持走绿色均衡发展的新型工业化道路，企业的发展理念、发展模式及发展思路都必须进行重大的适应性调整与变革；二是高质量发展必然带动国内与国际、国内经济、区域、产业、政策和资源配置等结构调整，客观上要求企业必须进行结构调整与优化；三是从企业经营层面来看，高质量发展需要的一流竞争力、质

量的可靠性与持续创新、品牌的影响力，以及先进的质量管理理念与方法等，对企业发展提出了更高的发展要求；四是适应高质量发展的总体需要，行业头部企业面临行业内部、国内与国际三重竞争，压力和风险必然加剧，围绕竞争优势的保持和提升将是行业头部企业的重中之重；五是科技创新能力提升是保障企业高质量发展的重要支撑，而企业创新能力提升将成为影响企业未来持续发展的重要因素，以提升企业创新能力为重心的新型企业创新发展模式的建立自然也就成为影响企业持续发展的重要方面。

二、企业技术创新模式的比较与选择

（一）不同的企业技术创新模式在企业生产经营过程中发挥着不同的作用

根据技术创新在企业生产经营过程中的作用，企业技术创新模式可以分为保障支撑型和主导引领型两大类，在创新着力点、创新重点、企业经营特点等方面各不相同。

从创新着力点看。保障支撑型企业技术创新模式围绕企业产品或服务经营的技术支撑与技术问题解决，对企业生产经营起到技术保障支撑作用；主导引领型企业技术创新模式则是围绕市场未来发展趋势、满足用户需求的产品设计、制造与使用的系统解决方案提供，对企业生产经营不再是简单的保障支撑，而是起到技术主导和引领作用。

从创新重点看。保障支撑型企业技术创新模式重点围绕产品或服务的产品设计、制造及售后技术服务等企业竞争能力打造，为生产经营提供技术保障和支撑；主导引领型企业技术创新模式则是围绕企业总体发展战略的创新方向选择、创新体系构建、创新资源整合和创新经营组织改造，以技术创新为主导，引领企业生产经营活动开展。

企业经营特点看。基于保障支撑型企业技术创新模式的企业生产经营属于以产品或服务经营为重心的生产经营型，以产品或服务经营收益为重点；基于主导引领型企业技术创新模式的企业生产经营则不仅仅局限于产品或服务经营，而是以创新能力、创新资源、创新成果经营为重心的创新经营型，以创新经营收益为重点。

不同的企业技术创新模式具有不同的特点，也支撑着不同的企业经营与发展模式。反之，不同的企业经营与发展模式定位也需要不同的企业技术创新模式支撑。就企业发展的总体趋势而言，主导引领型企业技术创新模式将是企业尤其是创新型企业经营与发展的主要方向。

（二）不同的创新要素聚合模式形成不同的企业技术创新模式

企业技术创新涉及企业发展战略（方向、目标和重点）、企业创新资源与能力、企业创新团队、企业创新结构与机制等等。发展战略起引导作用，创新资源、能力与团队起支撑作用，结构与机制起保障作用。在企业发展战略确定的前提下，基于创新资源、能力和团队的存量开发与增量引进方式成为影响企业技术创新模式的关键，不同的企业技术创新要素资源聚合模式也就形成不同的企业技术创新模式。

根据企业技术创新要素资源的聚合模式不同，形成封闭型企业技术创新模式和开放型企业技术创新模式。封闭型企业技术创新模式立足于以企业拥有的存量创新资源为基础，增量资源基本上依靠自身经营积累、人才引进和要素资源采购，技术创新活动以内部技术研发为主、对外技术合作为辅。开放型企业技术创新模式则是以企业总体发展战略需求为牵引，以企业存量创新资源为依托，以"开放合作、资源整合"为着力点，开展开放式技术创新平台建设、社会创新要素资源聚合和企业技术创新合作。

开放型企业技术创新模式突出广泛的社会资源整合和开放的技术创新合作，对于企业自身发展具有重要意义。一是建立开放创新模式，不是单纯依赖自身拥有的资源，而是不求所有但求所用，基于企业总体发展需求快速聚合和扩大企业创新资源总量，快速提升创新能力；二是建立开放合作机制，可以加快创新速度，提高创新成功率，提高企业的影响力；三是通过社会创新资源利用和技术创新合作，可以降低企业研发成本和创新风险，缩短研发周期，提高企业竞争力。

不仅如此，对于行业头部企业而言构建开放型企业技术创新模式，还可以凭借自身的综合实力、产业和资本优势，提供设备设施、研发场所建立开放技术创新平台，通过释放自身科创能力和科技需求，集聚、孵化产业链上下游及相关领域的中小型科技企业，形成创新集群，在提高科技成果转化效率和项目成功概率的同时储备创新成果和产业发展后备资源。

总之，构建开放型企业技术创新模式将是科技型企业，尤其是行业头部企业适应高质量发展的必然选择。

三、行业头部企业创新发展的核心理念

行业头部企业是指产业发展能力、水平和规模达到一定状态，在某个行业中，对同行业的其他企业具有很强的影响力、号召力和一定的示范、引导作用，并对所在地区、行业或者国家做出突出贡献的企业。头部企业一般处于产业链的顶端，具有领先优势和链主地位，能够带动相关产业和行业经济结构调整，从而引导和推动产业发展。

基于行业头部企业的特点，推进行业头部企业创新发展，需要强化三个核心理念。

（一）强化企业生态理念

企业生态化是一种全新的企业经营思路、经营模式和商业结构，是企业经营哲学、发展方式和可持续发展的战略选择。按照企业生态化发展要求，通过推进建立企业引导型创新模式，集聚创新要素资源、建立开放合作模式、提升企业创新能力，更好地优化企业发展生态，以更好地满足企业产品或服务经营及总体持续发展的需要。

（二）强化资源经营理念

未来企业经营的重心将不再是简单的产品或服务经营，资源的集聚也不再简单地为产品或服务经营提供支撑与保障。企业经营是围绕产品或服务经营所开展的资源集聚、整合与利用，突出资源经营的理念，致力于企业资源系统的构建和改善、资源结构的优化、资源配置的高效。创新要素资源是其中最重要的资源之一，创新要素资源的集聚是企业引导型创新模式建立的重中之重，开放合作的目的也是集聚创新要素资源和提升企业创新能力。

（三）强化开放创新理念

企业创新能力是企业核心竞争力的重要支撑，也是关乎企业竞争优势、

总体发展状态和持续发展能力的关键。然而，高校和科研院所是创新资源的主要载体，企业的创新资源有限、创新能力不足始终是困扰大多数企业的难题。传统的企业一般是基于内部技术创新资源与能力的保障支撑型企业技术创新模式，客观上不能完全满足企业发展需要。推进建立企业引导型创新模式，核心就是强化开放创新理念，围绕企业总体发展战略的创新方向选择、体系构建、资源整合建立开放型企业创新体系，推进由封闭的保障支撑型向开放式、创新引领型企业创新模式转变。

四、行业头部企业构建开放型技术创新模式的基本思路

行业头部企业具有产业基础好、行业地位明显、综合发展能力强等优势，但也存在持续创新能力提升与总体发展需求不匹配的问题。应当研究如何引入科技成果转移转化思想、方法和模式，推进针对行业头部企业的创新要素资源集聚模式打造和开放型企业技术创新模式构建。

借鉴科技成果转移转化"Y模式"的核心逻辑，着力打造开放的企业创新要素资源整合系统和构建开放型企业技术创新模式，即下聚焦找立足点、上开放寻资源、中间搭平台建机制。

一是"下聚焦找立足点"——明确企业长远发展对技术创新的总体定位和要求，或者说明确企业技术创新的总体战略、目标和重点。这是企业创新要素资源整合系统的基本立足点。二是"上开放寻资源"——根据企业技术创新的总体战略、目标和重点，确定适应企业技术创新的总体战略、目标和重点的资源需求。结合企业存量创新资源情况，明确所需引进人才、技术、项目等创新要素资源需求清单，进而研究社会相关资源分布、关系及合作渠道与路径。三是"中间搭平台建机制"——根据资源需求清单、社会相关资源分布状况，设计资源整合平台和资源整合模式。除了传统意义上资源引进与采购之外，更多是通过"搭平台建机制"，共建企业引导型研发机构（技术创新平台）、企业引导型孵化器（企业孵化平台）、企业引导型投资基金（投资平台）等创新平台，建立市场化合作机制，聚合企业发展需要的社会创新资源，开展企业引导下的技术创新、企业孵化和创新投资，通过开放合作，促进创新资源的集聚与整合、企业技术创新活动的开展。

综上，技术创新是引领经济高质量发展的核心动力，抓创新就是抓高质量发展。行业头部企业构建开放型企业技术创新模式的基本思路是，立足于企业长远发展战略和企业总体发展能力提升的总体目标，以企业创新要素资源整合系统打造为基础，突出开放合作、资源整合，推进平台搭建、机制建立，着力于企业技术创新要素资源集聚、企业技术创新能力提升、企业持续创新发展推动。

第四节 资源配置型投融资模式

围绕资金的投融资已经逐步延展为围绕资金、资产、资源和智力（4Z）的综合开发与配置。探索建立以"4Z"资源配置为重点、企业发展生态构建为核心的资源配置型投融资模式，研究分析其内涵、特征及运作要点，适应商业活动发展趋势、推进新型投融资模式的研究与实践，具有重要意义。

一、资源配置型投融资模式的内涵

投资是资产拥有方基于提升资产价值的商业目的，通过特定的商业模式使其资产变成资本的行为和过程。融资是企业募集资金或资产的行为和过程，即是企业根据自身经营发展需要，通过向投资者或债权人募集资金的行为和过程。无论是投资还是融资，都是经济主体围绕着"资"这一核心载体所从事的经营活动，作为投融资活动的载体——"资"在大多数情况下主要是资金。随着市场竞争环境变化和商业生态逻辑的不断演变，在以资金为重点的投融资模式下作为投融资活动基础或配套条件的资产、各种资源和智力因素，逐步成为投融资的重要角色，在投融资活动发挥出独特的作用，投融资活动中"资"的概念从广度和深度上自然延伸，不再仅仅是纯粹意义的资金，连同资产、资源和智力形成"4Z"，同时成为新型投融资模式的资本构成要素。

（一）"4Z"中的资金

流动性最强的货币资金，既是投资活动的基础，也是重点。一般投融资都需要可以立即到位的现钞，当然约定投融资分期到位或设立期股的情况下，并不需要全是现钞——也就是说"未来的钱也可以投当下的资"。

（二）"4Z"中的资产

资产即可以货币计价的非货币性实物资产和无形资产。实物资产包括土地、建筑物、用于生产产品的机器设备、工具、原材料、存货等，无形资产包括知识产权、土地使用权、工业产权、股权、债权、品牌、商标等。资产流动性不如货币资金，但作为企业经营活动的重要条件且可以按照市场价格进行评估计价，逐渐成为投融资活动中的常见要素。

（三）"4Z"中的资源

资源是指企业内、外部可以直接或间接利用的一切资源和平台，如人力资源、供销渠道、条件平台、供应商和客户资源、政策环境等。与资金、资产不同，资源没有相对统一的市场价值标准作参照，不能或不易评估作价，并且大多需具备特定的条件和前提，对投融资双方具有特定价值，甚至有可能成为融资方不易被替代的核心竞争力，也由于缺乏评价标准，往往容易被投融资双方所忽略，一般不能以资本的方式得以体现，是非资本性质的重要创新要素。特定情况下也可以实现资源资本化。

（四）"4Z"中的智力

智力主要指企业团队的能力、经验、价值观及其他无形知识形态的积累。与资金、资产、资源相比，智力是团队在特定市场环境条件下通过历练和积累逐渐形成的，是最不易被模仿和替代的"资"，其同样缺乏可供量化的评价标准，无法简单地以资本的方式得以体现，是非资本性质的最独特的创新要素。不过，在创业投资过程中，人力资源资本化已经开始显现。

从传统意义的"资"延伸到"4Z"，从广度和深度上丰富了"资"的内涵，有助于投融资双方在更大范围内挖掘、发现、认同彼此的价值，使资源、智力等隐藏在财务报表外的资产价值得以显现，从而完成资金、资产、资源和智力向资本的协同转化。

二、资源配置型投融资模式的主要特征

随着"资"从资金延伸到"4Z"，投资融资活动的内涵随之发生重大变化，从传统的围绕资本的投融资活动演变为以基于"4Z"资源配置为重点、企业发展生态构建为核心的新型投融资活动——资源配置型投融资模式，其主要特征包括以下几个方面。

（一）投资和融资既是对立的，更是统一的

投资和融资都是基于载体评估、合作对象选择、投融资方式设计、风险因素规避、交易价格博弈的特殊商业行为，遵从普通的商业逻辑，作为商务交易的双方首先是对立的。然而投融资活动这种交易不是简单的买卖，其本质是合作，投融资双方以企业为承载主体通过"4Z"协同经营的价值增值而实现各自的价值诉求，从这个角度讲其实是统一的。投资者和融资者犹如儿女亲家，初期双方基于儿女及双方家庭的种种评价、判断、选择、设计是相对利己的，甚至对立，儿女小家庭的成功设立就是初始对立和达成统一的重要成果，儿女小家庭（被投项目）的和睦经营与兴旺发达又是亲家双方"投融资活动"的共同期待和价值追求。不难看出，对立的统一是投融资活动的重要特征，对立大多于战术设计，统一大多于战略安排。对投融资活动的对立统一认识，是重要的思想解放、思路拓展和理念更新，更是资源配置型投融资模式的显著特征。

（二）确立投融资一体化思维模式

投融资双方围绕"资"所展开的经济活动行为和过程正是一个问题的两个方面，投资者将"资"转化为资本即为投资，融资者将"资"转化为资产即为融资。投资者将其"资"转化为资本，通过企业的经营活动提升其资本的价值，再通过新一轮的溢价融资，重新将资本转化为货币资产，从而实现投资人资产的价值增值。从价值投资的角度而言，投资即为融资，融资即为另一种形式的投资，不能将二者割裂开来，需要真正确立投融资一体化思维模式。

（三）以资源配置为重点，企业发展生态构建为核心

随着商业生态逻辑的不断探索与实践，资源聚合能力（张力）和资源转化效率（活力）真正成为企业的核心竞争力。从某种角度说企业经营的本质是资源经营（基于某种赛道的资源聚合与转化），资源经营越来越占据企业经营与发展的重要位置。在资源经营逻辑下的投融资过程已不再是简单的投资或融资，更不再是纯粹的资金投融，而是根据企业总体发展需要，围绕"4Z"所展开的资源开发和资源配置过程，而资源配置过程其实是企业发展生态的重构过程，因此资源配置的出发点是企业发展需求，落脚点则是企业发展生态重

构。以资源配置为重点、企业发展生态构建为核心,已然成为资源配置型投融资模式的重心。

(四)秉承"投资未来、经营希望"的投融资经营理念

投融资作为特殊的商务活动有一个鲜明的特点,绝不是"一锤子买卖",而是关心过去、立足当下、着眼未来,"投资未来、经营希望"可以说是其本质特征。秉承"投资未来,经营希望"的投融资经营理念,着眼于企业未来持续发展的大局和全局,着力于企业发展生态的不断改善,需要重点关注存量资源与增量资源的融合与匹配,关注企业发展竞争力提升和成长,关注企业规模扩张与持续融资机会,关注企业收益增长与未来溢价融资空间,构成资源配置型投资融资模式的核心逻辑。

三、资源配置型投融资模式实施需要注意的问题

由资金延伸至"4Z"内涵的资源配置型投融资模式,较传统投融资模式从内涵到外延都具有自身的特点,在投融资实施过程中需要特别关注下面几个问题。

(一)选择志同道合的投融资主体

投融资活动不是简单的交易,更不是"一锤子买卖",而是长期的合作,因此投融资主体间的志同道合和三观一致显得十分重要。投融资不仅仅是"资合",更应该是"人合",不仅仅表现为合作各方"4Z"资源的结合,更应体现在投融资双方对发展理念、战略、方向、目标和盈利模式的一致,以及对投资标的、合作约定、彼此各自所拥有的资源价值的认可。正所谓"道不同不相为谋",选择三观一致的合作伙伴有时比项目的价值与投资前景更为重要。

(二)不同阶段选择不同的合作方

投融资主体要根据自身的发展阶段有针对性地选择投融资的对象。投资者主要分为风险投资、战略投资、财务投资,各自的投资意图、投资实力、资源背景、服务能力相差甚远。风险投资主要投资于初创企业或项目的产品或业务成型前的创业期;战略投资更多着眼于产业布局与发展需要,更看重拟

投资企业在相关行业更为长远的发展潜力及战略价值；财务投资通过注资入股意在获取高额的投资回报，看重被投资企业（融资项目）的高成长性、发展空间及短期内投资获利的高额回报。项目（企业）的不同阶段融资需求（对资本结构及资本主体属性）也不尽相同。合作对象的错位选择将会直接影响投融资效果。

（三）重视投融资双方背后的潜在资源价值与服务能力

基于资源配置的企业发展生态构造，除了直接的"4Z"运作外，要高度重视投融资双方背后的潜在资源价值和服务能力。一方面在投融资合作之初，除了直接参与运作的"4Z"价值，需要关注双方的背景资源价值与服务能力；另一方面合作之后要充分发挥双方的产业、市场、政策等综合资源优势，争取更多间接资源和服务为其提供相应的资源和服务加持，帮助被投资企业做优、做大、做强。犹如儿女婚姻，儿子或女儿自身的条件、互相的倾慕和认同固然是最重要的，但父母及家庭、家族背景、社会关系也是非常重要的方面。

（四）选择设定适合的投融资机会、目标和收益方式

投资也好、融资也罢，首要是清楚为了什么，希望达到什么样的目标。投资未来——未来即方向，经营希望——希望即目标。投融资的目标决定其价值定位，决定不同的投融资收益方式的设计与安排，自然也影响投融资载体和主体的选择。投资收益方式包括货币化分红、资产化增值、股权化运作以及证券化倍增等。不同的投资收益方式决定不同的投融资标的和路径，企业发展的不同阶段收益实现方式也有所不同，相应的投融资路径、方式和目标也大不一样。如项目企业化阶段，较多的是引进早期风险投资完成项目企业化，投资者担着较大的投资风险获得低成本进入的机会；企业产业化过程中，更多的需要引进产业资本以改善资源结构、推进产业化，投资者利用自身产业资源获得产业化前期项目的投资机会；而企业需要进入资本市场时，则主要考虑引进财务投资推进规范化、规模化、证券化，投资者利用资本运作资源与能力优势获得 IPO（首次公开募股）前期项目的投资机会。

（五）规避非资本性要素资源的风险

按"4Z"定义，"资"不仅包括由于可以货币化度量从而资本化的资产（金

要素，同样还包括由于无法或不易货币化度量而不能被资本化的资源、智力等非资本要素。这些非资本要素，由于没有市场公允价值做标准，大多只能根据投融资方的运作经验、主观判断以及谈判能力等确定其价值，从而带来较大的投融资风险。但由于资源和智力这些非资本创新要素大多有其形成的特定条件和背景，有时甚至会超越有形资产（金）而成为经济主体最不可替代的核心竞争力。所以，对于投融资双方而言，一方面不能因噎废食，忽视对非资本要素价值的挖掘和发现；另一方面，要坚持谨慎性的原则，对非资本性要素所可能带来的风险进行充分预估，制订相应的风险规避措施。

简单、纯粹基于资金的投融资时代渐渐结束，围绕资金、资产、资源和智力（4Z）综合开发与配置的投融资时代悄然而至。资源配置型投融资模式已不再是传统意义上的投融资，需要建立投融资一体化思维模式，秉承"投资未来，经营希望"的投融资经营理念，以企业战略发展需求为基础，以资金、资产、资源和智力等资源配置为重点，致力于企业发展生态环境的打造和企业发展生态结构的不断改善。推进资源配置型投融资模式的建立需要在实践中不断地探索与完善，特别要重视合作伙伴选择，关注合作方潜在资源和服务能力，科学设定投资融资目标和收益方式，以及合理规避非资本性要素资源风险。

第五节 基于宏观、中观和微观结合的立体投资观

投资活动是一个综合性、系统性、专业性非常强且具有风险性的技术经济行为，涉及面宽，涉及因素多。在当今社会，投资已经成为了许多人实现财富增值的重要途径。然而，投资并非易事，它既需要对市场的敏锐洞察力，也需要对行业的深入了解，更需要对具体项目的全面把握，需要基于宏观、中观、微观三个层面，构建一个全面、立体的投资观，以总体把控企业投资活动的开展。

一、宏观层面：关注市场趋势

宏观层面的投资观主要体现在对市场趋势的关注和把握上。投资者首先需要进行宏观经济分析和市场趋势研究，以便在复杂的市场环境中捕捉投资机会。一是经济增长。了解国家和地区的经济增长状况，以及可能影响经济增长的政策因素，有助于投资者判断市场的繁荣程度和评估投资风险。二是利率水平。利率水平的变动会影响企业和个人的融资成本，进而影响投资决策。投资者应密切关注利率走势，以便在合适的时机进行投资。三是通货膨胀。通货膨胀会导致货币购买力下降，影响投资收益。投资者应关注通货膨胀率的变化，以便调整投资组合。四是政策环境。政府的政策导向会对市场产生重要影响。投资者应关注政策变化，以便把握市场机遇。

经济增长、利率水平、通货膨胀和政策环境等市场环境和趋势构成了宏观经济形势的"大势"，直接或间接影响投资活动的开展。

当今世界正经历百年未有之大变局，不稳定性、不确定性明显增强。当前和今后一个时期，我国发展仍然处于重要战略机遇期，但机遇和挑战都有新的发展变化。再者，我国已进入高质量发展阶段，发展具有多方面优势和条件，同时发展不平衡不充分问题仍然突出，重点领域关键环节改革任务仍然艰巨，创新能力不完全适应高质量发展要求。

变局因其复杂多变而充满不确定性。"要坚持用全面、辩证、长远的眼光分析当前形势，努力在危机中育新机、于变局中开新局"。

宏观环境和市场趋势是研究判断投资机会的重要背景和基础，对投资项目的选择与实施有重要的影响。只有准确把握分析我国发展阶段、环境、条件变化，看清市场大环境和发展大势，才能顺势而为、谋势而动，提升危中寻机、化危为机的能力。

二、中观层面：关注行业规律

中观层面的投资观主要体现在对行业规律的关注和把握上。除了宏观经济环境和市场趋势分析，投资者还需要进行行业分析，认识行业规律、尽可能清晰行业状态，以便在众多行业中找到具有投资价值的领域。一是行业竞争格局。了解行业内主要竞争者的市场份额、竞争优势和劣势，有助于投资者判断行业的发展前景。二是行业成长性。关注行业的增长速度和增长潜力，以便找到具有较高成长性的投资标的。三是行业盈利水平。分析行业的盈利能力和盈利水平，有助于投资者判断行业的投资价值。四是行业政策环境。关注政府对行业的扶持政策和监管措施，以便把握行业的发展趋势。

行业规律是指某一行业在长期发展过程中形成的，反映其内在运行机制和发展趋势的系统性现象。而经济周期则是指经济活动在一定时期内的波动过程，通常包括扩张、繁荣、衰退和萧条四个阶段。行业规律即是周期的表现，不同的行业有不同的规律，就是说不同行业的竞争格局、成长性、盈利水平和政策环境一定具有自身的规律特征，这是开展投资活动不可忽视的一个重要方面。

投资成功的关键是懂得周期，万事万物皆有周期，因而周期内肯定会有起起落落和不断重复循环。做投资，可以什么都不相信，但必须相信周期。霍华德·马克斯的《周期》告诉我们如何从历史事件中学习经验教训，从而更好地把握未来。

人生成功三大要素，天时、地利、人和，天时位居首位。投资成功三大要素，选时、选标的、实施，选时亦同天时。选时最重要的是对周期的认识、分析、判断和选择。

三、微观层面：关注项目特点

微观层面的投资观主要体现在对具体项目的关注和把握上。市场趋势、行业规律分析是开展投资工作的基础,具体投资业务开展需要对项目系统分析,以便在众多投资项目中找到具有投资价值的标的。一是项目盈利能力。分析项目的盈利模式、盈利水平和盈利预测,有助于投资者判断项目的投资价值。二是项目风险水平。评估项目的风险因素,包括市场风险、政策风险、技术风险、财务风险等,以便制定合理的投资策略。三是项目管理团队。项目的管理团队背景、经验和能力,有助于投资者判断项目的执行能力。四是项目资金需求。分析项目的资金需求和使用计划,以便评估项目的融资能力和资金使用效率。

项目分析的核心是项目的可行性,包括市场可行性分析、技术可行性分析和财务可行性分析,从市场、技术和财务三个方面全面分析、判断项目的可行性。市场可行性分析包括分析市场需求、市场收益、竞争对手、商业模式等,这些因素对投资方案的可行性起到关键作用。技术可行性分析需要考虑技术方案的可行性、技术难度、技术壁垒、技术成本和可实现性等,这些因素决定了投资方案在技术上是否可行。财务可行性分析主要包括投资成本、收益、现金流以及财务风险分析等,这些因素决定了投资方案在财务上的可行性和经济效益。

项目分析在市场、技术、财务分析的基础上,还要分析经济可行性、组织可行性、社会可行性、风险因素及对策等方面,这些形成了项目特点、优势和风险。

四、投资三观之间需要统筹兼顾

在投资领域,宏观市场趋势、中观行业规律和微观项目特点三者之间的关系是相辅相成、相互影响的。宏观经济环境与市场趋势是环境和大势,中观行业规律与行业周期是方向和趋势,微观项目特点与项目优势是重点和机会,三个层面需要统筹兼顾。

宏观市场趋势是指整个市场的经济状况和发展态势,包括经济增长、通货膨胀、利率、汇率等因素。这些因素对投资者的投资决策具有重要影响。例如,当经济增长放缓时,投资者可能会转向防御性资产,如债券和黄金;而在经济增长加速时,投资者可能会增加对股票等高风险资产的配置。因此,了解宏观市场趋势对于把握投资机会至关重要，此为"顺势"。

中观行业规律是指特定行业的发展趋势和竞争格局。每个行业都有其独特的生命周期，包括成长阶段、成熟阶段和衰退阶段。在不同的发展阶段，行业的盈利能力、增长速度和风险特征都会有所不同。因此，投资者需要深入了解所关注的行业的特点、周期和发展趋势，以便做出明智的投资决策，此为"应时"。

微观项目特点是指具体投资项目的基本面和技术面因素，包括公司的财务状况、盈利能力、竞争优势等。这些因素决定了公司的价值和投资吸引力。投资者需要通过深入研究公司的财务报表、行业地位、管理团队等方面，全面评估项目的潜力和风险，为"选事"。

综上所述，宏观市场趋势、中观行业规律和微观项目特点构成投资"三观"，三者之间存在着密切的联系。投资者在进行投资决策时，需要综合考虑这三个层面的因素，才能更好地把握投资机会，降低投资风险。顺势、应时、选事做事方能顺风顺水；事再好，大势不妙、时点不对，好事难成。

第六节　集团化经营发展路径

随着社会经济的不断发展，越来越多的公司呈现出集团化经营与发展的需求。然而，集团化并非简单的名称变化和规模扩张，系统分析单体公司经营逻辑、集团公司与单体公司的逻辑异同，进而深入研究推进集团化经营与发展的模式、总体思路及路径，对于积极稳妥地推进集团化经营与发展具有重要意义。

一、单体公司与集团公司的经营逻辑

（一）关于公司的基本逻辑

任何公司的设立、运营、发展都关乎为什么（公司战略与目标）、做什么（公司核心业务）、怎么做（公司组织与团队、制度与文化）、怎么做好（执行与改善）等基本问题，这些则构成了公司的基本逻辑。公司逻辑的核心是在公司战略与目标引领下围绕"核心业务经营"所展开的组织与团队建设、制度与文化安排、运营与绩效管理等基本循环，并在不断的循环中让公司得到持续完善和发展。

当然在公司的基本逻辑之上，不同背景、不同地域、不同主体、不同性质、不同经营模式的公司必然有不同的个体公司逻辑特征，单体公司和集团公司的逻辑特征也不尽相同。

（二）单体公司和集团公司的相同点

单体公司主要从事产品、服务或者投资经营，集团公司是由若干相同或相关业务的单体公司作为其分（子）公司或事业部组成的母公司。二者都是独立公司主体，自然要遵从公司的基本逻辑，有其自身的战略定位与目标规划，与之相对应设计自身的核心业务及业务结构，根据业务经营需要设计组织和团队结构、制度和文化建设方案，开展自身的经营与绩效管理，不断循环、完善和发展。

（三）单体公司和集团公司的不同点

一般而言，单体公司都是从事"比较单一"的产品和服务经营，商业模式即是围绕产品和服务经营展开的产品生产销售或服务提供。根据其自身的商业特点和规律，其经营的核心是产品或服务。集团公司与单体公司的核心差别在于集团公司经营的不再是纯粹的产品或服务，而是所属的分（子）公司或事业部及基于此所展开的经营活动，更多地基于产业、资源、资本层面的经营。

二、集团化经营发展模式

（一）集团公司的分类

集团公司按其经营状态可以分为管理型集团、经营型集团和运作型集团。管理型集团主要开展分（子）公司或事业部的设立、管理、服务与监控，分（子）公司或事业部的经营成果进行简单的合并、扣减集团的管理费用则构成集团的经营成果。管理型集团经营在下层、管控是重心。经营型集团除了分（子）公司或事业部的设立、管理、服务与监控，更重要是以分（子）公司或事业部的产品与服务经营为基础，开展产业经营、资源经营和资本经营。经营型集团管控是基础、经营是重心。运作型集团呈现出平台化、国际化和生态化发展状态。运作型集团管控是基础、经营是支撑、运作是重心。

推进公司集团经营与发展选择什么模式，主要受制于市场大环境及行业特点、发展需求与变化，取决于公司自身的发展基础、资源、战略与目标和竞争状态。总体而言，公司集团化经营一般呈现从初级向高级不断升级发展的趋势，从产业经营模式、资源经营模式到资本经营模式，并逐步向平台化、国际化和生态化发展。

（二）集团公司的产业经营模式

产业经营模式是大多数企业规模化、集团化发展的必然选择，其重心是围绕核心产品和服务经营着力于产业资源集聚、综合能力提升和产业规模扩张，从而提升盈利能力、竞争能力和行业地位。产业经营分为三种模式。一是专业化产业集群模式。专注于某种产品或服务，推进产品或服务系列化、规模化发展。二是相关多元化产业集群模式。选择强相关甚至弱相关的产品或服务，推进产品或服务系列化、规模化发展。三是纵向一体化产业链模式，专注于某个产业方向，围绕产业链推进业务纵向一体化、规模化发展。一种或多种模式的选择成为集团公司产业结构设计与产业规划的重要基础。

（三）集团公司的资源经营模式

资源经营模式是产业发展到一定状态、行业地位占有一定优势之后的集团化经营模式，其围绕核心产业发展，着力于规模扩大、结构优化和可持续发展三个维度的资源运作与经营。资源经营分为下列两种模式。

一是集团所属的分（子）公司或事业部资源化开发。以集团所属现有的分（子）公司或事业部的存量资源集中为基础，争取更多的增量资源，比如政府政策、商业合作伙伴、金融资源、其他社会资源等。

二是构建集团总体产业发展的资源支撑体系。围绕集团总体产业发展需要，围绕做大、做强、做优的原则，规划建设产业链、创新链和供应链，着力打造原料、技术、人才、资本、市场、政策等结构性要素资源的渠道与平台。

（四）集团公司的资本经营模式

资本经营模式是集团化经营发展的高级形态，其重心是突出价值经营理念、产业经营为基础、资源整合为重点、资本运作为核心的资本化经营模式，产业发展和资源整合服从于、服务于资本经营。集团公司的资本经营主要有三种模式。

一是构建集团公司产业经营主导下的资本运营体系。围绕集团的战略规划及总体产业发展需要，以集团公司自身的股权架构与经营为基础，集团产业体系与资本体系建设相结合，创业投资、产业投资、财务投资协同，建立产业经营主导下的集团资本运营体系及相应平台，为产业发展聚集要素资源的同时，创立以产业经营为基础的资本经营收益模式。

二是集团所属的分（子）公司或事业部资本化运作。以集团所属现有的分（子）公司或事业部为基础，根据未来集团产业规划进行分（子）公司或事业部全资、控股、第一大股东、参股或全部出让的股权化安排与运作，起到突出重点、调整结构、引进资本、兑现资金的作用。

三是推进集团公司整体或部分产业或资产的证券化之路。进入证券市场是企业资本经营的重要方向，通过上市运作以及同资本市场的有效对接，可以加速推进公司规范化、规模化、证券化发展。

（五）集团公司平台化、国际化和生态化发展战略

集团公司平台化、国际化和生态化发展并非集团化发展的一般模式，而是系统推进集团产业化、资源化、资本化发展方向和状态的战略安排。以产品与服务经营为基础，在推进产业经营、资源经营和资本经营的过程中，围绕创新体系、生产体系、市场体系构建，逐步引入平台化、国际化和生态化发展战略，通过平台化聚集资源、提升能力和培养人才实现产业赋能，通过国际化建立更开放的创新、生产和市场体系，通过生态化发展建立企业+平台+生态结合的生态结构、生态赋能、共享共赢模式。

三、推进集团化经营与发展路径

推进集团化经营与发展是一个系统工程，需要围绕公司的总体发展战略目标，遵循集团公司的经营与发展逻辑，进行统筹安排、系统设计、突出重点、有序推进。

（一）组织制订集团化总体发展规划及产业发展计划

基于集团总体发展战略和发展目标，组织制订《集团总体发展规划》，明确集团化发展的主要方向、总体发展目标，确定集团经营重点、主体结构及分解目标，细化主要路径和重点措施。以《集团总体发展规划》为依据，编制《集团产业发展计划》，尤其是研究集团条块结合的产业结构及发展模式。总体发展规划和产业发展计划是指导、推进集团化转型与发展的重要依据。

（二）突出集团总部经营职能推进集团组织管理体系的调整和完善

以集团创新发展战略、总体规划实施为引导，适应集团化经营与发展需要，基于现代企业制度建设理念，推进集团组织管理体系的调整和完善，规范建立"三会一总"的公司法人治理结构，强化集团总部的规划与实施、核心业务经营、创新能力建设与经营、资源与资本经营、品牌建设与运营、人才队伍建设、制度与文化建设、风险管理与控制等职能。尤其要突出集团总部经营职

能，是实现集团化经营与发展的核心，是实现基于分（子）公司和事业部实现效益倍增的关键，也是经营型集团与管理型集团的本质差别。

（三）根据集团化经营与发展需要，切实加强集团人才队伍建设

推进集团化经营与发展，战略和目标是重要引领，组织建设和制度安排是基本保障，建立一支满足集团化经营与发展需求、具有集团化思维和经营管理能力的人才队伍，是推进集团化经营与发展的重要支撑。在推进集团化经营与发展的过程中要特别重视不能出现集团的空心化，集团上下一盘棋、统筹建立集团人力资源体系，打造适合人才成长的良好环境，不断创新和完善人才引进、培养、任用、成长机制，加强人力资源管理。

（四）着力推进制度创新、文化创新和品牌创新，夯实集团创新发展软实力

按照推进集团化经营与发展的要求和需要，在公司现有制度、文化和品牌基础上，本着集中、统筹和优化的基本定位，着力于继承、创新和提升的总体要求，系统推进制度建设、文化建设和品牌建设，着眼于聚合、共享、高效、赋能，营造更加开放、更富创新力、更具活力、更有生气的内部环境，提升集团制度执行力、文化聚合力和品牌影响力，夯实集团化经营与发展的软实力。

（五）突出结构调整、系统管理、技术创新和资源经营，全面推进产业发展

产业发展是集团化经营与发展的核心，按照推进集团化经营与发展的要求和需要，务必抓好三个方面工作。一是突出集团核心产业和主导产业，内部整合、外部引进相结合，推进集团产业结构调整和优化。二是围绕集团核心产业的发展，加强集团运营、质量、安全和风控体系构建，构筑产业发展保障和安全底线，提升产业发展竞争力。三是基于创新资源汇聚、创新能力提升、创新人才培养和产业发展助推，打造开放的产业技术创新体系。四是以开放合作、资源整合为原则，构建覆盖产业发展相关要素的资源运营体系和市场体系，构筑产业发展堡垒。

（六）突出产业发展引导，推进集团资本运营体系构建

根据集团总体规划及产业发展需要，以集团产业经营为重心，推进集团总体资本结构设计、资本体系建设、资本运作开展。充分发挥资本在现代企业集团的产业化、规模化发展过程中的聚合（资源汇聚）、聚能（机制建立）、聚变（能量释放）作用，站在集团总体发展的高度，以资本思维谋划全局、统筹全局。按照总体发展规划推进集团自身的股权多元化，设立投资并购+创业投资基金+产业投资基金等资本运作平台，以现有产业实体运营及未来投资并购对象为重点开展投资运作，为核心产业聚集要素资源、助推产业发展的同时，实现以产业经营为基础的资本经营收益最大化。

集团化经营发展是企业成长与规模化发展的必然趋势。集团公司既要遵循与单体公司相同的基本逻辑，又有集团自身的逻辑特征。推进集团化经营发展，无论选择产业经营、资源经营还是资本经营模式，甚至于谋求平台化、国际化和生态化发展，都需要围绕公司的总体发展战略，遵从集团公司的核心逻辑进行战略与目标规划、组织与团队设计、制度与文化安排，以产业发展和资本运营为重心、突出集团核心业务经营与运作，有序推进公司的规模化、集团化经营与发展。

第七节　基于高质量发展的企业创新经营模式

企业是产业发展的承载主体和科技成果应用的承接主体，也是科技创新的市场主体，企业经营发展的状态和质量直接影响科技创新推进、科技成果转化和科技产业发展。

任何企业的设立、运营和发展都必须遵循企业的基本逻辑，不同背景和条件下的企业具有不同的企业逻辑特征，单体企业和企业集团的逻辑特征也不尽相同。确立什么样的企业发展观、建立什么样的企业经营模式，对于企业的发展状态和发展质量都至关重要。通过企业经营理念与发展模式的不断创新，对于贯彻实施创新驱动发展战略、推进创新链与产业链融合发展，具有十分重要的现实意义。

一是要强化企业资源经营的核心理念，建立企业资源经营模式，这是推进企业高质量发展的重要基础。

要素资源不足是影响和制约所有企业经营发展的永恒难题，无论企业发展处于什么阶段，资源充足是相对的，而资源缺乏却是绝对的。从某种角度讲，资源是影响和决定企业经营发展状态与质量的核心因素，以资源集聚、配置和有效利用为中心的资源经营才是企业经营的实质。

着眼于企业的持续发展，着重于企业产品或服务经营，着力于企业资源环境优化、资源经营状态和商业生态改善的系统安排，是确立企业资源经营理念，推进企业由产品或服务经营模式向企业资源经营转变的方向和目标。

企业资源经营的核心是以资源聚集充分、资源结构合理、资源转化效率和效益为重点，强化资源的集聚、配置、转化和利用，突出企业的张力与活力提升，在形成资源壁垒的基础上建立企业核心竞争优势，构筑促进企业高质量发展的重要基石。

二是打造创新型企业人才成长环境、构建企业开放型技术创新模式和资源配置型投融资模式，这是推进企业高质量发展的重中之重。

人才、技术和资本是企业发展的三大要素资源，也是企业经营发展的核心资源，因此紧紧围绕人才、技术和资本三大核心要素资源的体系构建与工作开展，也就成为企业资源经营的重中之重。

企业竞争本质上是人才的竞争，创新型企业成长和高质量发展的核心基础是人才，人才队伍的成长需要一个适合的软环境，而人才成长软环境建设又是一个系统工程——构建事业平台是前提、人力资源管理是基础、机制创新是重点、组织文化建设是关键，需要总体筹划、系统推进、坚持不懈，为了企业的持续健康发展，系统开发人才资源、经营人才资产、运营人才资本。

技术是企业经营发展的重要战略资源，技术创新是引领经济高质量发展的核心动力。就企业发展的总体趋势而言，以主导引领型企业技术创新为基础、构建开放型企业技术创新模式将是科技型企业，尤其是行业头部企业适应高质量发展的必然选择。遵循生态发展、开放创新和资源经营理念，以企业开放型研发模式、孵化模式和投资模式为核心，突出开放合作、资源整合两个要点，以企业创新能力提升为出发点和归属，探索建立行业头部企业开放型技术创新模式，对于促进高质量发展背景下行业头部企业的创新资源集聚、创新能力提升和持续发展推动将起到重要作用，也将成为以企业为主体、市场为导向、产学研深度融合技术创新体系建设的重要路径。

资本是企业经营发展不可或缺的条件资源，探索建立以"4Z"资源配置为重点、企业发展生态构建为核心的资源配置型投融资模式，是创新型企业开展资源经营的重要路径。建立资源配置型投融资模式，需要深刻认识投资和融资既是对立的、更是统一的，需要确立投融资一体化思维模式，需要突出以资源配置为重点、企业发展生态构建为核心，需要秉承"投资未来、经营希望"的基本理念，同时还需要特别关注一些重点问题和风险规避。

三是集团化、平台化、国际化和生态化，这是推进企业高质量发展的重要趋势和方向。

随着企业经营与发展的规模化，集团化是一种必然趋势。推进公司集团经营与发展选择什么模式，主要受制于市场大环境及行业特点、发展需求与变化，取决于公司自身的发展基础、资源、战略与目标和竞争状态。总体而言，公司集团化经营一般呈现从初级向高级不断升级发展的趋势，从产业经营模式、资源经营模式到资本经营模式，并逐步向平台化、国际化和生态化发展，成为推进集团产业化、资源化、资本化发展方向和状态的战略安排。以产品与服务经营为基础，推进产业经营、资源经营和资本经营的过程中，围绕创新体系、生产体系、市场体系构建，逐步引入平台化、国际化和生态化发展战略，通过平台化聚集资源、提升能力和培养人才实现产业赋能，通过国际化建立更开放的创新、生产和市场体系，通过生态化发展建立企业+平台+生态结合的生态结构、生态赋能、共享共赢模式。

综上所述，在创新驱动发展和高质量发展的战略背景下，按照"建立以企业为主体、市场为导向、产学研深度融合的技术创新体系"的要求，强化企业资源经营的核心理念，以创新型企业人才成长环境打造、企业开放型创新模式构建和资源配置型投融资模式建立为重点，确立"以资源经营为核心、三大要素资源经营为重点、集团化发展为方向的创新型企业发展观"，建立基于高质量发展的企业创新发展模式，集聚人才、技术和资本等创新要素资源，着力提升企业创新能力、以企业张力和活力为重心的企业核心竞争力，是促进产学研深度融合、企业高质量发展的重要途径。

第三章

个人修炼与团队建设

党的二十大报告指出，必须坚持科技是第一生产力、人才是第一资源、创新是第一动力，深入实施科教兴国战略、人才强国战略、创新驱动发展战略，开辟发展新领域新赛道，不断塑造发展新动能新优势。习近平总书记2014年6月19日在两院院士大会上的讲话指出："知识就是力量，人才就是未来。我国要在科技创新方面走在世界前列，必须在创新实践中发现人才、在创新事业中凝聚人才，必须大力培养造就规模宏大、结构合理、素质优良的创新型科技人才队伍。"

传统的竞争优势理论认为，企业的竞争优势来自成本节约和产品质量与特色，仅凭这两点企业就可以在市场上站稳脚跟。但是这两个方面的优势都是人所创造出来的，所以给企业带来竞争优势的关键并不是产品成本和质量特色，而是人才。企业的竞争力和可持续发展能力，不仅取决于企业拥有的物质资源，更主要取决于企业所拥有的高级管理人才、高层次创新型人才和具有现代科技知识的专业技术人才等智力资源。

在当今社会背景下，企业之间的竞争越来越激烈，而竞争的核心则是人才的竞争。因此，人力资本作为一种新生事物，已经越来越被企业所重视，基于创新发展的需要着力于创新型团队的建设与经营已成为未来企业经营发展的重中之重。

推进创新型人才队伍建设，除了前文所述及的创新型企业人才成长软环境建设，还需要确立人本主义企业经营观，重视企业管理者培养和团队成员系统历练。某种角度讲，个人与团队的自我修炼是个人成长与团队建设的根本，笔者提出突出以名利关系处理、价值观塑造、成长目标设立、追求完美的路径安排、选择与放弃的权衡和克己自律的境界开展自我修炼，笃定谋事在人、成事也在于人的五把钥匙打磨，以"想、说、写、做"为重点、以"知识积累、经验积累、资源积累和能力提升"为重心着力于个人基本能力的结构优化与提升，建立职能结构模式和三维工作法，系统探索创新型团队建设与经营的新思路、新方法和新路径。

人的培养和人才队伍建设是极其复杂的事情，笔者在40年从业过程中，尤其是从事科技项目管理、技术转移及企业经营的30年里，十分重视对于团队培养和团队建设，结合这些年的实践和思考，基于对"无论是技术创新，还是企业经营，团队都是最重要的因素"的基本认识，梳理相关做法、想法和心得，形成了创新型人才队伍建设与经营的基本思路。

第一节　团队建设与管理者自我历练

一、团队和团队建设的重要性

（一）什么是团队？

团队是由基层和管理层人员组成的一个共同体，它合理利用每一个成员的知识和技能协同工作，解决问题，达到共同的目标。团队由目标、人、定位、权限、计划等要素（5P）构成，也就是说团队并非仅仅是一群人，而是由共同的目标（为什么、要怎么样）、合理的人员结构（哪些人组成）、明确的定位（责任与使命、干什么）、适当的权限（分工、权责与机制）、清晰的计划（怎么做）所构成的有机共同体。所以，团队是事（目标、定位、计划）和人的有机（权限）统一。

1. 团队不同于群体

除了都是一群人组合而成的共同点，团队更需做到一般意义的群体所不具备的"五个统一"——统一的目标、统一的思想、统一的规则、统一的行动、统一的声音。前面述及目标、规则（权限）、行动（计划）都属于团队的构成要素，而思想和声音则是团队基于文化、精神、形象层面的突出特点。虽然团队和群体有着根本性区别，但群体在五个统一的基础上可以向团队过渡。

2. 团队不同于团伙

一是目标不同。团队的目标是为了一个共同的愿景；团伙的目标可能更多的是为了个人利益。二是底线不同。团队具有自身的法律和道德底线；团伙可能就没有基本的法律和道德底线。三是行动力不同。团队是合作分工的合作；团伙是斗争妥协的配合。团队和团伙的根本区别在于：团伙是因利而聚、无利而散的短期合作，成员均是冲着利益而来，只要有彼此利用的价值就可纠结在一起；团队则不同，大了说一定有共同的价值观、理想、情怀和事业目标，小处讲性情是否相投、理念是否相似、能力是否互补，能在良好的工作氛围下愉快工作、和谐共处、坦诚沟通及精诚合作。团队的规模和组织形态多种多样。规模上团队可大可小，小则两三个人组成的专项工作团队，大则成千上万的大型团队；组织上团队可能是为了某件事组建的临时团队，也可能是为了某个专项任务或事业组建的固定团队；结构上团队可能是隶属于某个组织机构之下，以专项工作为载体、非机构化的项目组、工作组，也可能是以某个机构为载体的组织化团队（比如一个组织、机构或公司，以及组织、机构或公司所属部门、下属机构等等）。

（二）团队建设的重要性

这里所说的团队建设是广义的团队建设，是根据工作需要、事业发展需求，通过组织结构设计、相关制度安排、团队成员选择、任用、培养和激励，建成一支充满激情、积极向上、敢于负责、能打硬仗、极具竞争力的高效团队，包括但不局限于狭义的"团建活动"。

一项工作或任务的完成，一个组织的事业发展，都离不开团队的支撑。团队建设是工作开展、目标任务达成的必要条件，更是组织建设、事业发展的根本保证。从一场比赛到俱乐部的发展，从一个科研项目到研究室、研究所的发展，从一个产品研制到一个公司的经营，从一堂课到一个学校的发展……团队和团队建设都具有极其重要的作用。

团队建设的核心在于围绕团队的"五个统一"要求，系统组织事业平台和事业发展规划、组织结构设计、相关制度安排、团队成员选择、任用、培养和激励，激发团队活力、释放团队潜力、增强团队成长动力、提升战斗力和影响力，继而优化团队总体结构、提升团队综合实力、塑造团队独特品质，不断强化团队的目标导向功能、凝聚功能、激励功能和控制功能。

推进团队建设的同时，适时组织开展狭义的"团建活动"，也具有重要意义。通过"团建活动"可以明确团队目标，提高员工的团队精神和团队意识；增强团队的凝聚力，增进员工之间的相互理解，使员工相互容忍和信任，使团队成员相互尊重，从而拉近员工之间的关系，形成一个更紧密的整体；激励团队，让团队成员意识到个体差异，让团队成员互相学习优势，努力朝着更好的方向进步；协调团队中的个人关系，增进团队成员之间的关系。

（三）团队建设的根本

如何抓住团队建设的根本，事关团队建设的成效。真正做好团队建设，必须抓住、抓紧、抓好以下三个方面，突出以"事"为核心，夯实制度建设基础，抓住文化建设关键。

1. 团队建设的核心是"事"

所谓"事"，大则事业——具有一定目标、规模和系统的对社会发展有重要影响的活动；小则事情——具有具体目标和要求的专项工作、任务。做事的人构成团队，"事"与人是辩证的统一。一方面，人是"事"的重要支撑。无论大事还是小事，人都是最重要的要素，根据"事"的特点和需要建立相应的团队是支撑和保障工作开展是事业发展的根本所在。没有"人"，没有团队，任何事情，再高大上都推展不开、成就不了。另一方面，从团队建设的角度讲，"事"又是团队建设的前提。没有"事"就没有研究团队和团队建设的必要，有了"事"才需要建团队，所以团队建设的核心是"事"，要紧紧围绕"事"而展开。不过没有意义、没有价值、没有未来的"事"不利于团队建设，既吸引不了人，也没有办法激发内在动力去把"事"做好。栽好梧桐树，引得金凤凰。任何时候、任何情况下，都应当牢固树立"事业引人、事业留人、事业培养人、事业发展人"的团队建设理念。没有事何以聚人，没有人也不能成事。

2. 团队建设的基础是"制度"

没有规矩不成方圆。人因为"事"聚在一起，但并不是无序地聚集，散乱状态的聚集不仅无济于事，还会误事。这就需要明确共同遵守的做事规程和行为准则，通过制度设计和制度执行，确立团队行为规范，增强团队能力保障，奠定团队建设的重要基础。制度作为团队建设的游戏规则，既是行为规范，也是激励安排。首先是怎么做——做事的基本程序、行为规范、相关要求、团队成员权责分工、资源配置；其次是做了怎么样——薪酬设计、成果和绩效评定、奖励安排、培育、晋升和发展机会，以及惩罚规定。好的制度安排是确保规范做事的前提，也是能够成事的保障，制度也是生产力。制度设计和制度执行是一个问题的两方面，相辅相成。制度设计解决规程、规则、规范的有无和标准；制度执行是规程、规则、规范的落实，是团队建设有形、团队行为有序、团队潜能释放和团队效能倍增的重要保障，因此更加重要，难度更大。

3. 团队建设的关键是"文化"

人们常说："没有文化真可怕。"人如此，团队亦如此。一个没有文化的团队就犹如一盘散沙，没有精神、没有性格、没有气质、没有血性，很难形成很强的团队凝聚力、战斗力和影响力。制度规范行为，文化改善心智，夯实制度建设基础，更需要抓住文化建设关键。通过气质塑造、氛围营造和行为改造，重视和加强团队文化建设，重点是以价值观为核心加强团队气质塑造、以人文关怀为核心推进团队氛围营造、以团队自律规范为核心着力团队行为改造。一个团队根据事业发展规划，除了基本的制度安排，需要进行团队文化设计和文化建设，通过开展系统的团队文化活动，着力于个人内心希望和团队活力激发、个人成长动力和团队潜能挖掘、个人心智改善和团队气质塑造、个人行为规范和团队氛围营造、个人能力和团队整体竞争力提升，全面实现团队的"五个统一"要求。

总体来说，一般认为团队建设就是引人、用人、培养人、发展人。这肯定没有错，而且也很重要。然而，如果没有吸引人、让人冲动和热血沸腾的事，没有先进的制度设计和安排，没有一个良好的文化氛围和做事环境，靠什么引人？又何以用好人、培养人和发展人？毋庸置疑，事业、制度和文化一定是团队建设的根本所在。

二、管理者如何带团队

团队负责人（管理者）在团队建设过程中扮演着十分重要的角色，自然起着非常重要的作用。管理者作为团队核心成员，既要做好自己，起到带头作用，又要履行管理者职责负责团队建设，起到带领作用。从某种角度讲，团队不仅仅在建，更重要在带，团队是带出来的。鉴于此，本节主题讨论和交流管理者如何带团队。

（一）明确管理者的责任和使命

作为团队负责人，管理者负有三重责任和使命。一是带领团队完成任务实现目标。这是最基本的责任。二是通过任务完成和目标实现带出强有力的团队。不是局限于任务目标本身，而是把完成任务达成目标的过程作为一个团队学习训练过程，力求在实战中训练团队。三是保证所负责组织（机构）的持续发展。这是管理者最高的责任和使命，除了完成任务、训练团队，更要着眼于为组织的持续发展奠定基础、创造条件、争取机会。抛弃简单的"目标任务观"而确立"三重责任和使命观"，是管理者责任认知的重要突破。

（二）坚持"事人合一"的团队建设理念和目标

管理者建团队、带团队过程中，简单地唯事或者唯人都很难真正带出一个好的团队，也很难真正把"事"做好，需要把"事人合一"作为指引团队建设的重要理念和目标。一是高度重视"事"的研究和价值提升。前面曾讲到"事"是团队建设的前提和基础，没有让人感觉有意义、有价值、有未来的工作或事业，很难吸引、聚合需要的人才。所以需要高度重视围绕"事"的价值和事业的未来，开展持续的研究、规划、完善、拓展和提升，夯实团队建设的基础。二是要十分关心团队成员的作用发展、个人成长和未来。团队是由每一个成员构成的，每个人的状态直接影响整个团队的状态，关注每个人的状态，尤其是关心每个人的成长与未来，事关团队建设质量，甚至团队整体发展。三是立足于"事人合一"，不仅要成事更要成人。个人和团队是做事、成事的重要支撑，但不能将团队带成做事的工具，团队不仅要能做事、成事、发展事，更需要通过做事锻炼人、培养人、成就人和发展人。某些时候，成事是手段和过程，成人是结果和目标。

（三）团队是灯塔，要努力点亮每一盏灯

团队是一座灯塔，每一个成员都是塔上的一盏灯，虽然位置、功能、型号、亮度不尽相同，但都在不同的位置发挥着自身的作用，只有每盏灯都好好地亮着，灯塔才能光彩无限。如何点亮每一盏灯？一是规划、搭建好灯塔结构（选择合适的事、构建好做事平台和团队结构）。二是设计光照、亮度管理模式（设立以激励与约束为重点的成事机制，营造成长氛围）。三是研究、选择并努力点亮每一盏灯（了解每个人的长短与内心需求，点燃每个人的希望），让每一盏灯都在规划的地点、时间和方式发出自己的光。

（四）坚持不懈抓好"理思路、带团队、抓落实"三件大事

作为团队负责人管理团队的方方面面，事情繁多，不过千万不能事无巨细，要突出重点抓住关键，坚持不懈地抓好"理思路、带团队、抓落实"这三件大事。一是理思路，思路决定出路。PDCA循环即Plan（计划）、Do（执行）、Check（检查）和Act（处理），作为质量管理的基本方法，也是企业管理各项工作的一般规律。从狭义的计划管理放大，就是发展思路的梳理（发展方向、战略、重点和路径的选择），这不仅是诸事之首，而且需要全过程坚持，在PDCA循环中不断地审视、调整、完善。二是带队伍，一个团队并非是根据需要招进来就行，一群人变成一支队伍、成为一个极富竞争精神和战斗力的团队，是需要训练、培养、使用、成长的管理过程，更需要持之以恒的"带领"。团队不能依靠简单的成长，一定是用心带出来的。三是抓落实，宏观的战略实施、微观的工作计划都需要落到实处。抓落实是一个管理者的基本责任、不可缺失的能力，也是一种气质和风格，一个不能落实的管理者一定"不靠谱"。当然，理思路、带队伍、抓落实并不是简单地进行，而是相互交织、相互支持、相互成全和相互影响。

（五）管理者应当努力成为一个好的领导者

领导者重在研究确定"选正确的事"（方向），而管理重在"正确地做事"（方法），管理者要带好团队成为优秀的管理者，必须致力于成为一个好的领导者。一是花工夫研究、理解甚至确定团队的主要方向、目标和任务（明确为什么、干什么），对事的全面理解和认识是正确做事的前提。二是系统制定做事的流程、权属关系、资源配置、行为底线和边界、绩效与奖惩等游戏规则（怎么干、干了怎么样），建立正确做事的逻辑和规矩。三是选择合适的人，形成结构合理、能力互补、配合默契的团队（谁来干、如何分工），打造能够担事、成事的做事主体。四是提前预测、细心观察并主动帮助解决过程中的关键问题（让做事的人不是孤军奋战、能够比较轻松地推进工作进展），抓住正确做事的关键点、重点和难点，建立分工协作、上下协同的做事机制。五是做好团队教练而不是当保姆，懂得授权、敢于放手，不培养"伸手党"（对团队的结果和团队的成长负责）。六是给予人文关怀（给团队成员更多的温暖），努力营造正确的做事氛围、团队文化环境。

总而言之，团队建设无疑是管理者工作的出发点和落脚点，管理者带团队不是简单研究如何管理，更重要的是如何带。

三、管理者如何做好自己

孔子说："其身正，不令而行；其身不正，虽令不从。"管理者做好自己是带好团队的先决条件，需要花大功夫研究和实践如何做好自己、如何做一个更好的自己。

（一）带好团队需要抓住"一个重点"

管理者为了工作开展需要立威取信，"威"不仅仅是来自制度授权，更多需要通过个人表率作用、模范带头作用取得团队的充分信任，依靠个人魅力和个人影响力建立起来。率先垂范是立威取信、带好团队的重中之重。一是要取得团队成员的充分信任，领导和管理别人必须建立在信任的基础之上，无信何来威，信任是威信的基础，更是管人带人、推进团队建设的基础。二是要起到带头和模范作用，希望别人做的，自身首先做到，而且做得更好，永远相信"言传不如身教"。三是要学会换位思考，更多地站在他人的角度考虑问题，己所不欲勿施于人。

（二）带好团队需要确立"新三观"

价值观是行为的准绳和选择标准，一个团队负责人需要确立和践行围绕团队建设和团队发展的"新三观"——大局观、全局观和发展观。涉及团队建设与团队发展的相关人与事的选择、制度与文化的安排、具体工作的推动，管理者都需要站在团队建设与团队发展的大局、全局和发展角度考虑，任何具体的选择和安排都必须服从于、服务于团队建设与发展的大局、全局和长远发展。换句话说，任何具体的选择和安排都不能影响团队建设与团队发展的根本、核心和大势（大局），任何时候、任何情况下都必须顾全大局，切不可因小失大；任何具体的选择和安排都不能影响团队建设与团队发展的整体利益（全面），要学会站在全局的角度看问题、想办法、做决策、抓落实；任何具体的选择和安排都不能影响团队建设与团队的长远发展，万万不能因为眼前利益影响、伤害长远发展。

(三）带好团队需要有"四心"

管理者作为团队核心，要真正成为核心，起到主心骨作用，需要具有"四心"——事业心、责任心、公心和父母心。团队的组建一定是因"事"而立，肩负事业发展的使命和责任、具有强烈的事业心和使命感自然是团队管理者的首要素质。如果对所从事的事业没有足够的理解、认同和热爱，怎么可能带领团队成员为之不懈奋斗、努力和奉献？事业心不是挂在嘴边而是要落实于行为，要有责任心，勇于担当，敢于且善于负责，既要对事业负责，更要对团队和对自身负责。管理者带好团队要时刻保持公心，有利于团队成长、团队建设和事业发展是处理利益问题的基本尺度。金无足赤、人无完人，任何一个团队成员都不可能十分完美，团队管理者要有更多的父母心，特别是对待存在一定问题、犯了一些错误的团队成员需要更多的理解、宽容和帮助，就像对待犯了错误的子女那样耐心地去关心和帮助。

(四）带好团队需要"五懂"

管理者不是一般团队成员，而是负有特别责任和使命的特殊成员，真正带好团队，需要做到"五懂"——尊重、信任、鼓励、关心和包容。作为团队负责人，任何时候、任何情况下，都需要对团队所有成员给予真心的、足够的尊重、鼓励、信任、关心和包容，对于团队凝聚力和创造力提升、内在动力和潜能释放、团队良好氛围形成具有重要作用。尊重和信任是团队成员相互关系的基础和核心，一个没有相互尊重和相互信任的团队，合力、凝聚力何来？鼓励、关心和包容是每一个团队成员的内在需要，尤其是在面对各种困难和压力时。懂得尊重、信任，善于鼓励、关心和包容，是提升正能量、克服负面情绪、激发团队斗志的重要方法，也是一个团队管理者需要具备的基本素养和工作技能。

(五）带好团队需要提升七个基本能力

管理者需要具备规划能力、管理能力、激励能力、专业能力、执行能力、评估能力和沟通能力等七个基本能力。管理者要有系统性的思维能力，从全局、长远方向进行规划，以确保持续稳定的经营与发展；管理包括管人理事，既要有宏观掌控，又要有微观管理，管的是工作，理的是思想，理顺一切；激励能力是一名管理者必须具备的能力，管理者要能够开启员工的心灵，发掘其潜能，使其奋发向上；管理者本身要具备足够的专业能力，不仅仅包括管理方面，还包括企业的产品、企业文化、销售流程等等；管理者的督导追踪、以身作则是"执行"的原动力，执行得先从管理者自身开始，历练自身的执行能力；评估能力是对结果负责，是建立 PDCA 管理循环的基本要求；沟通能力是处理好内部矛盾和外部危机的基本要求，有效的沟通可以化解矛盾、转化危机，形成合力、产生机会。优秀的管理者都需要具备包括但不限于规划、管理、激励、专业、执行、评估和沟通等综合能力和素养。

（六）做好副职需要强化的五种意识

前面所说管理者也包含了副职，之所以专门提出"如何做好副职"是因为副职职能作用的发挥对于一个团队的建设至关重要。副职管理者也要率先垂范，确立"新三观"，有"四心"，要"五懂"，具备七个基本能力，同时还需要强化五种意识——班子意识、整体意识、担当意识、服从意识和协助意识。副职虽然不是团队主要负责人，但作为团队领导班子成员一定要有班子意识，共同担起团队领导班子的责任和使命。副职分管一个方面的工作，不能时时处处只考虑所分管的工作，必须树立整体意识，凡事须从整体出发、满足整体需要。副职更需要有担当精神，切不可遇困难就推、遇麻烦就躲，要敢于、勇于同主要负责人一起担负责任。副职要摆正自身的位置，正确处理同正职的关系，一方面要确立服从意识，自觉服从团队主要负责人的领导、管理和指挥，另一方面要强化协助意识，积极主动协助配合团队主要负责人相关工作的开展。副职是团队主要负责人的重要助手，是分管工作开展的重要依托，是团队成员的表率，更是未来团队负责人的重要储备。

综上所述，带好团队核心是基于"事"和如何成"事"，重心是如何关心帮助团队，关键是如何努力做好自己。带团队其实是围绕团队具体工作任务、阶段性目标或者组织发展愿景目标"聚人心、聚人力、聚人气"的过程。带团队犹如点灯，研究工作开展和事业发展对灯的需要，不断地点灯、换灯、加油、遮风、挡雨……总会面临各种各样的困难和问题，不过只要我们有心、用心、全心以赴，我们的周围一定会越来越亮、越来越精彩……

第二节　自我修炼乃个人成长与团队建设之本

习近平总书记指出:"世界观是人们关于世界的总体的和根本的看法,决定着人生追求与价值取向,指导和支配着理想信念、思想境界、道德操守与行为准则,具有'总开关''总阀门'的作用。"

杨绛先生曾说:"人生实苦,终其一生,我们都要不断地修炼灵魂,完善自我。"每个人的一生,都会有高山有低谷,但无论何种境况,都要保持自己内外兼修。美国罗曼·文森特·皮尔的一句名言:"态度决定高度,细节决定成败。"一个人选择什么样的价值观、什么样的成长与发展目标、什么样的为人做事方式,成为一个人的基本人生态度和人生观,决定了一个人的状态、机会与未来。

一个人的成长就是一个自我修炼的过程。宏观上讲修正"三观"(世界观、人生观和价值观)是自我修炼的永恒主题,微观而言基于"三观"引导下的人生态度选择与人格品行修炼是一个人最基础、最重要的修行。从某种角度讲,自我修炼就是一种人生态度选择、一种重要的人生观。个人如此,团队亦是如此。

一、名利关系的正确处理是自我修炼的根本所在

"追名逐利"乃人之本性,也是人类进步和社会发展的原动力。人一生其实也就两件事——生存与发展,生存讲"活着",发展讲"活法",也就是怎么活着、怎么活得更好。

(一) 人生价值模型

所谓"名"包括名分、名节、口碑、荣誉、理想、事业、机会和前途等事关人生长远与大局的方方面面,以及团队、组织乃至国家的利益。所谓"利"是指物化的利益,近期、眼前的利益,个人和小团队、局部的利益。"人生的价值"同对"名"的关注、选择和投入呈正相关、同对"利"的关注、选择和投入呈负相关——这就是人生价值模型。任何纯粹的利益,特别是眼前、个体、局部利益的追逐,都是以牺牲"名"和长远、整体利益为代价;反之,任何"名"

节和长远、整体利益的追逐，也是以放弃和让渡物质利益、眼前、个体和局部利益为基础。

（二）名利结构与名利观的选择与安排

名利结构是关于"名"和"利"的选择和组合，不同的选择、组合和关系处理形成不同的名利结构，包括：个体的名与利，局部同整体的名与利，眼前同长远的名与利，个人同集体(他人)的名与利，个人、集体同国家的名与利。不同的名利结构决定不同的价值追求，也就形成不同的名利观、人生观。名利观驱使下的价值观引导着不同的人走出不同的人生道路。对名利结构与名利观、人生价值模型的合理设计和安排，正确处理名利关系，确定基本的人生价值取向，是自我修炼的根本所在。

二、核心价值理念的确立是自我修炼的重要基础

根据马斯洛需求层次理论，需求可分为生理（食物和衣服）、安全（工作保障）、社交需要（友谊）、尊重和自我实现五个层次。追求自我成就和自我价值实现是个人进步、成长、发展的方向、目标和动力源泉，既是自我激励的着眼点，也是团队建设和外部激励实施的重要着力点。

追求自我成就和自我价值实现是个人成长、团队建设、社会发展甚至人类文明进步的客观需求及内在动力，并非狭隘的利己主义和个人（团队）英雄主义，非但没有必要遮遮掩掩，反而应当旗帜鲜明地倡导、鼓励和支持，并在微观的团队建设制度安排，宏观的社会政策环境、舆论环境及发展环境建设等方面，创造更好条件、营造更好氛围，帮助更多人（团队）的自我成就和自我价值实现。

倡导、鼓励、支持自我成就和自我价值实现，真正体现了人本主义"尊重人、成就人、发展人"的核心要义，是以人为本发展理念更高层面的践行，也是"帮助他人、成就自我"价值观确立的重要基础。

一是确立以倡导、鼓励、支持自我成就和自我价值实现为总体定位和根本价值取向，其核心是以追求自我价值实现、自我成就为目标。

二是追求自我成就和自我价值实现必须建立在"帮助他人"的基础之上，

不可以损人利己、损公肥私，而必须以帮助他人、为他人提供服务并创造价值、成就他人为前提。

三是"帮助他人，成就自我"不仅仅作为团队价值观，更应当成为个人价值观，只有成为团队和个人的共同价值观，才能将人本主义的核心价值理念真正落到实处，产生同频共振的效果。

四是"他人"并非仅仅局限在个体的人和团队等狭义的"他"，也包括社会层面的公众、公益乃至国家等广义的"他"。

"帮助他人，成就自我"，倡导、鼓励、支持自我成就和自己价值实现，必须坚实地建立在帮助他人的基础之上，奉行博爱、大爱精神，所有个人和团队的成长与发展追求，必须服从服务于"有利于他人、有利于团队和组织、有利于社会、有利于国家和民族"。

三、个人和团队成长目标的设定是自我修炼的重要方向

成为一个什么样的人，或者说一个组织的用人标准，其内涵和外延本是仁者见仁、智者见智，并没有统一的、标准的答案，但每个人一定都有自己内心的标准。普适性组织用人标准或一个人成长的最基本目标可以归纳为"其长可用、其短可避、其心能专、负责为本"。

（一）其长可用

站在用人的角度，认清一个人的能力特长、资源优势、性格优点等等，是选人用人的根本所在。站在个人角度，我们需要清晰地认知自身的特长、优势和优点，通过学习、锻炼培养所长，有所长是个人学习、锻炼和成长的方向和目的。当然，无论是选人用人，还是个人成长，有所长仅是一个方面，更重要的是其长可用。实现有所长和其长可用的和谐一致，成为一个有用、可用之才，既是个人学习成长的价值追求和目标，也是选人用人的客观要求和标准。

（二）其短可避

金无足赤，人非圣贤，岂能无短。问题不在于有没有短，而在于短的性质是否触及原则（法律红线和道德底线）；在于其短在用其长的过程中是否可以有效规避，是否会对其长的利用与作用发挥产生严重破坏。有短不可怕，只怕

危害大。其短可避重要的是主动规避,在个人学习成长过程中及时发现其短,并积极主动地改善和规避;在选人用人过程中更需要注重长短的综合评价、选择与控制。

(三) 其心能专

凡事最忌三心二意。一个人的精力总是有限的,面对重要的事情全心全意尚且未必能及,更不用说三心二意了。对事要"专",一是慎重选择需要做(有意义)、擅长做并能够做好(有能力)的事,选择是对事、对己的综合判断,正确的选择是成功的基础;二是一旦选择就要全心全意、全力以赴、全情投入;三是要持之以恒、坚持不懈,不达目标决不罢休,不能遇到一点困难就轻易放弃。专一、关注、专心,是一种态度,一种精神,更是一种品格。

(四) 负责为本

负责即担起责任并尽到职责,是一个人最基本的品德和操守。往大处说,对自己、家庭、朋友和社会要心存敬畏、牢守底线、恪尽职守、一诺千金。往小处讲,对待工作一旦选择、应承和参与,就要对所涉及各个方面,计划的制定、资源的筹集、过程的进展、节奏的把控、困难的克服、风险的防范、目标的达成和结果的呈现,切实负起全部的责任。勇于负责、敢于负责、善于负责的担当精神,是一个人、一个社会人、一个职业人最重要的品质。

其长可用是基础,其短可避是条件,其心能专是要求,负责为本是核心。也许对一个人、一个团队的优秀要求和目标达成而言,这些并不是全部,但无论如何"其长可用、其短可避、其心能专、负责为本"都应该是一个人最基本的底线、成长目标,或者说也是一个组织最基本的用人标准。

四、选择与放弃的权衡是自我修炼的重要法宝

选择与放弃相生相伴、形影不离,选择与放弃对于每一个人、每一个组织而言更是始终相随,无时不在,无事不需,无一例外。

(一) 选择大于努力

俗话说"男怕入错行,女怕嫁错郎",道出了选择之重要,正确的选择就

是成功的一半。一件事情、一个项目是否值得做、需要做、能够做，做之前的判断和选择必须慎重，需要认认真真地调研、分析和判断，还要对如何做进行系统考虑和安排。失之毫厘差之千里，如果做出错误的选择，有时候无论如何努力改变不了错误选择的结果。

（二）以积极的心态面对选择

人与人的差别往往不在于做什么事，而是以什么心态、什么方式面对一件事。判断、选择和决策并非仅仅是管理者、领导者的事，任何人都不可能回避。既然避免不了，以什么心态面对选择尤为重要。遇事以积极、阳光的心态待之，就可以泰然处之，面对选择亦是如此。

（三）敢于选择、果断选择

既然选择不可避免，那就要敢于选择，没有任何事情是100%收益、"0"风险的，要学会用"满意标准"代替"最优标准"。机会常常稍纵即逝，面临选择要敢于决断、做出取舍，除了内容本身，选择时机的把握也是重要的选择，很多机会就是被"犹豫不决"耽误的。

（四）选择需要证是和证伪协同

任何选择都是基于行与不行的判断，人们习惯于以"证是"为重点研究可行性，这本身无可厚非，不过研究可行性的过程，容易偏重于有利方面而忽视不利因素。开展可行性论证的同时，需要建立"证伪机制"，开展证伪分析，找到关键问题（尤其是颠覆性问题）及解决问题的对策，有效规避风险。

（五）选择大于努力，而非可以不努力

再正确、再英明的选择，都只是一个好的开始，选择了"正确的事"，仍然需要更大的努力"正确地做事"和"把事做正确"。一件事情、一个项目一旦选择，就必须全力以赴、想方设法组织实施，执行过程不能草率行事、简单了之，选择之后"尽最大努力达成目标"是更重要的选择。

（六）放弃是一种更重要的选择

选择和放弃是相对的，选择便是放弃，放弃也是一种选择，选择之后的坚

持则介于选择与放弃之间成为重要的支撑。选择很重要，需慎之又慎，选择之后的坚持更重要，不可轻易放弃。放弃是选择之前对不具备、不可能、不可取的一种理性判断，也是选择之后发现重大问题、出现不可抗力、避免盲目坚持的及时调整和刹车，更是非常重要的一种选择。

（七）选择是一个不断调整、优化、完善的过程

复杂项目和重大项目的选择往往都需要在进行必需的"大势"判断之后，进行必要的试验验证、阶段性实施推进和尝试，继续在"证是"和"证伪"的同时做出进一步的大势判断、方案完善和最终决策。哲人说："如果结果是痛苦的，无论过程多么快乐都必须中止；如果结果是快乐的，无论过程多么痛苦都必须坚持。"可以理解为选择存在于过程之中，需要对过程进行再判断、再选择。

（八）把握好坚持与权变之间的度

选择之后应当坚定不移、不折不扣地组织实施，同时也应根据变化了的情况做出及时的判断和调整，以确保决策结果的最优化。坚持与权变（适当的调整）有一个"度的把握"，这对于选择之后的执行非常重要，也很困难，并非单纯的知识和技能所能及，需要一种特殊"智慧"（这智慧当然也包括勇气），正如管理者非所有人都可为之，需要一种天性或者说一种"悟性"和激情。

选择是机会、收益与风险的博弈，放弃也是一种选择。选择与放弃，或许就是一种哲学，一种关于机会、收益与风险的价值观与方法论。

五、追求完美的态度选择是自我修炼的重要路径

完美是指具有所有必需的或令人满意的要素、品质或特征，没有漏洞和缺陷，所有方面都很美好，近于无瑕、完满、完好、完善、完整、完备。完美不仅是理想的极致境界，还是方向指引、目标导向和能力体现。追求完美不仅是一种心态、精神和品格，也是一种超越、突破和创造的力量，更是一种生活态度。

（一）完美是一种境界、方向、目标和能力

——完美是一种境界。无瑕、没有缺陷的时空状态，人们对人、事物和

环境的美好预期、心里遐想的世界,叫作完美。也许完美就是现实中无法企及的境界,但这不妨碍其成为人们渴望得到并追求的一种理念和动力,以至于自然的大地与天空之间,企及巅峰的心性无时不存、无处不在、无所不至。

——完美是一种方向。人们认识和改造世界、开展社会活动,个人学习、工作和锻炼的各种努力,何来、何去、何从?完美好似一座灯塔照亮人们前行的目标和指引未来的方向,引领所有人和一切社会活动心向美好,为了更好而不懈努力,于无形中影响着世界变迁、社会更迭和人类进步。

——完美是一种目标。"做"是可以涵盖一切行为的动词,任何人和组织都需要通过"做"实现其存在的价值和意义,而"做"的状态无非是过程和结果怎么样——是还行、不错、挺好、很好,还是非常好……如何更好,怎么样才能达到极致,完美作为一种目标引导着一切行为过程和结果不断改善、提升,达到更好、最好。

——完美是一种能力。无论是做人还是做事,必然会受到各种主客观因素的影响或制约,任何人、任何事要真正做好、做到完美状态的确很难。人必须具备一定的能力、配套相应的资源,在过程中凝心聚力克服各种困难、排除各种干扰,才有达成完美的可能。

完美无论是一种极致的境界,还是作为方向指引、目标导向,成为信仰、理想和信念的源泉,总是诱导个人内心或组织内在热望的激发、潜能的释放和正能量的提升,共同对美好的期待、希望和追逐,以致对信仰的忠贞、理想的坚守和信念的执着。

(二)追求完美是一种心态、精神、品格和力量

——追求完美是一种心态。尽管真正达成完美有相当的难度,而且达成完美需要具备相应的环境条件,也受各种主客观因素的影响,但是主观认识和态度至关重要。如面对具体的使命、责任、任务或机会,是否具备条件和足够的能力仅仅是一个方面,是否敢于、勇于担当和直面挑战是极其重要的另一个方面。敢于、勇于追求完美是一种积极向上的心态,这是能担事、能成事的前提。即便没有达到完美之能,也不能没有追求完美之心。

——追求完美是一种精神。熟悉奥运会的人都知道,"更快、更高、更

强——更团结"——这是奥林匹克格言,也是每位参加奥运会选手的共同追求。冠军只有一个,绝大多数人则是不懈努力于追求"更快、更高、更强——更团结"的过程中,追求完美,实现更好、达到最好。这个过程中,环境条件和实力固然重要,而追求完美、力求更好、最好的精神更加重要。正是有了这种不应付、不凑合、不服输,追求完美的精神,才让更多人超越自己、超越他人、赢得更好的机会和未来。

——追求完美是一种品格。一个人在学习、生活、工作、社交过程中总会经历各种"事",面临各种急难险重,在应对和处置各种"事"的时候,有一点很重要——对待每一件"事"的态度,是积极、认真负责、一丝不苟的,还是得过且过。追求完美不等于一定能达成完美状态,更不可能所有的事情都做到最好。当追求完美成为一种做事习惯、一种行为品格,凡事都能尽心尽力、力求更好,相信对"功成必定有我"一定会有着不一样的体验和感悟。

——追求完美是一种力量。对美好生活的向往、美好事物的追求和对美好未来的憧憬,所有的认知、态度和选择,都需要切切实实的环境条件、能力和行动的支撑,不然必将陷入好高骛远、"心有余而力不足"的窘境。对于完美,不仅要敢于追求、勇于追求,更要善于追求。集高度认知、优越条件、综合实力于一体,有形与无形协同汇聚成一种力量,一种在追求完美,实现更好、最好的过程中显现出来的超越、突破和创造的力量。

完美是一种极致境界,追求完美是一个实现更好、达到最好的过程,更是一种积极向上、向好的生活态度。于己,可以没有完美之能但不能没有追求完美之心;于人,追求完美但不苛求完美,要有更多的理解和包容。

六、克己自律的境界是自我修炼的重要目标

什么是自律?自律指在没有人现场监督的情况下,通过自己要求自己,变被动为主动,自觉地遵循法度,拿它来约束自己的一言一行;指不受外界约束和情感支配,根据自己善良意志按自己颁布的道德规律而行事的道德原则。

我们每个人或许都有一定的惰性(包括随性,甚至任性),而且还会不自觉地放大惰性。克服惰性,外因有一定的作用,比如制度、道德、环境、教育等等,但更重要的在于自己是不是真正从内心认识到惰性的存在,并且愿意

尽最大努力去克服惰性。认识并主动克服惰性，通过不断修炼、努力做好自己、坚持做更好的自己，就达成自律、自控和自觉的过程。

自律是一种境界，也是真正实现自我价值、走向个人和团队成功的必然要求。通过自我的认知转化而成为自觉的思想和行动，是以自律、自控、自觉为主的思维和行为状态，并非因受制于制度、道德或环境而被迫改变一点惰性。自律重在自我管理，除了自己，没有谁能够真正管住、管好自己。管理好自己也没有别的办法，只有自觉认识、自我控制、自我严格要求，尽管机会、环境、外部条件很重要，但无论如何自己的路还是得自己走。从某种意义上讲，一个人和一个团队能走多远、能站多高，取决于自律、自控和自觉的状态和自己努力的程度，每个人和每个团队更需要自己成就自己。

承诺与履诺，其实就是责任的应承和责任的履行，是信誉建立和信任维持的根本，也是自律最基本的要求和具体表现。个人和组织，一定要树立"负责任"的社会形象，所以该承诺时一定要敢于挺身而出，敢于承诺、勇于承诺；当然也要善于承诺，不能随意、违心、胡乱应允——承诺根本实现不了、没有能力完成，甚至压根就没有打算兑现之诺；一旦承诺就必须全"心"以赴，要有一言九鼎之气度，无论风吹雨打、艰难险阻，都要想方设法兑现诺言，即便由于客观因素、不可抗力导致无法兑现承诺，主观也应该、必须尽到最大的努力。承诺与履诺，是信任的负债过程、偿债过程，也是信誉和信任的保值与增值过程，更是自律能力的修炼与提升过程。

某回答平台上有这样一个问题："你最深刻的错误认识是什么？"点赞最多的回答是："以为自由就是想做什么就做什么，后来才发现自律者才会有自由。"

什么是自律？就是有做到"两件事"的能力——做不喜欢但应该做的事情，不去做喜欢但不应该做的事情。人唯有将这两件事做到极致，才是真正的自律、自控和自觉，达到"从心所欲，不逾矩"的高明境界。自律的关键是内化于心（管好自己，定心、定性、定力）、外化于诺（一旦承诺就要全心全力兑现承诺）。

人人渴望自由，人人更需要自律；人人都希望随心所欲，人人更需要心存敬畏。有所欲有所不欲，有所为有所不为——视信誉和信用为生命，以承诺与履诺为核心，克己慎行，成为一个真正懂自律、知自律、能自律的人，播撒自律之种，盛开自由之花。

  总而言之，人的一生其实就是一个不断修炼自己的过程。无论是为人子女、兄弟姐妹、父母，还是为人朋友，无论是作为一个组织的团队成员还是一个社会人，任何一个角色都需要在生活的淬炼、磨练和锻炼之中不断自我学习、积累、沉淀，修炼外在、性情、品行和能力……在永不停止的自我修炼中不断提升自己、完善自己、发展和成就自己，自我修炼乃个人成长之本。

  自我修炼是每一个有所成就者的一种特殊责任和使命，自我修炼是一种人生态度选择、一种重要的人生观。人生要想有所成就，关键在自我修炼，通过自我修炼完成从自律、自觉到自由的跨越。自我修炼要有明确的方向和目标，必须选择恰当的方法和路径，不能仅仅停留于口头更要落实于行动，也不能仅仅外化于形更要内化于心，要坚持不懈、持之以恒。

  生命不息，修炼不止，自我修炼永远在路上。

第三节　谋事在人，成事也在于人

《孙膑兵法·月战》："天时、地利、人和，三者不得，虽胜有殃。"这里提到的"天时、地利、人和"指的是作战时的自然气候条件、地理环境和人心的向背。日常生活和工作的其他方面，也都是同样道理，也都需遵循"天时、地利、人和"，而其中"人和"最重要。人们常说"谋事在人，成事在天"，说的是自己已经尽力而为，至于能否达到目的，那就要看时运如何了。"天时、地利、人和"强调的是顺势而为，人算不如天算，也就是说人尽到了自己的最大极限，那最后一步就看"天"了。这里的"天"指的是"天理"，即自然规律、客观规律不可违，合乎人情事理便是顺天意。

什么叫"尽到了自己的最大极限"？是说尽到了最大努力，想尽了各种办法，穷尽了各种资源。从这个角度讲，在遵从自然规律、客观规律，合乎人情事理、顺从民心的前提下，做到尽到自己的最大极限便是谋事、做事、成事的根本，也就是说谋事在人，成事也在于人。真正用心做事、善于沟通交流、系统化开展工作、努力"把水烧开"、善于借力做事，正是谋事、做事、成事的五把钥匙。

一、用心做事

做事，既是我们的基本能力体现，也是作为个体人和社会人的生存与发展需要。如何谋事、做事和成事，是每个人都必须直面，而且会相伴一生的功课。

我们每一个人的起点应该说都是相同的——从"0"开始，就像赛跑的同一起跑线，可结果却又肯定是不同的。为什么？其原因、其道理人人皆知——一定是由主观因素（认识、态度、努力）、客观原因（环境、资源、条件）、能力因素、方法问题，赛前的准备、赛中的发挥等等众多影响因素的叠加所致。外因一定要通过内因发挥作用，外在环境、资源、条件固然重要，但没有自身的努力，则难以成事。更为重要的是，苦练是必需的，但仅仅是苦练、蛮练是不够的，更需要的是用心练。

做事靠什么，用力、用脑还是用心？用力是做事过程的外在、主观的体力投入，用脑是围绕事情的思考、分析、策划和安排等脑力投入，用心是对事情的重视、关切程度和态度。

一般来说谋事、做事的过程三个方面都不可少。体力、脑力和心力的投入结构不同将形成完全不同的做事主观态度、做事过程状态和事情发展结果。就做事主观态度而言，是简单做事、不动脑、不用心，还是事前广泛调研做足功课、事中边做边想边改进确保按计划进展、事后系统总结，不仅仅是简单完成任务，而是全情全心投入；就做事的状态而言，是当作任务完成了之，还是以学习的心态，保质保量达成目标的同时，注重方式方法的改善、经验的积累和能力的提升；就事情的完成情况而言，是做成什么样就是什么样，还是确保计划目标保质保量达成。

抛开环境、资源、条件客观因素，做事过程的不同投入结构，尤其是做事动脑和用心程度，形成不同类型的做事方式、做事态度、做事特点和做事风格，自然也会产生不同的做事结果，更为重要的是也会形成完全不一样的个人（或团队）成长和发展状态。同一起跑线出发若干年后是处在作业层、管理层还是经营层，主要取决于自己的做事状态，换句话说，做事动脑和用心程度可能决定自己未来的位置。

谋事、做事可以得过且过，但只有更多动脑、更多用心才有可能真正成事、成人达己。用心做事不能只是停留于口头，而是要落实于行动，是一种做事的状态、做事的方法、做事的习惯，更是一种做事的境界。

二、善于沟通

做事仅凭一己之力难以成事，更难成大事，发挥团队作用是做事成事的关键。团队建设过程、团队作用发挥，事前、事中、事后的有效沟通与交流至关重要，是就团队使命、方向、目标、任务、重点达成共识、统一行动、形成合力，确保做事成事的重要手段。如何更好地与人沟通交流？这看似很简单、却又很不容易，那在与人交流的过程中需要注意什么呢？

一是多从肯定的角度切入。与人沟通交流无论是涉及人或者事，也许交流和讨论"问题点"是目的，但如果简单地单刀直入面对问题，沟通交流的效果未必理想。凡事都有两面性，一分为二是唯物辩证法的重要观点，对事情要全面分析，防止孤立片面地看问题。矛盾是存在于每个事物当中的，因此我们在分析事物时不仅要分析矛盾的一面，还要分析矛盾的另一面，只有这样才会完整地认识事物。一分为二是矛盾普遍性这一世界观所要求的科学的方法论。基于此，与人交流选择从肯定的角度切入，在肯定、赞同、表扬的同时分析存在的问题并指出不足，符合一分为二的观点，问题分析更加客观、全面；在肯定的基础上分析存在的问题，选择和设定问题分析的出发点和基调，有利于正确认识问题和解决问题；从肯定的角度切入，相对于简单直切问题更容易达到沟通交流的目的，从而形成共识。

二是多站在他人的角度交流。沟通交流要达到预期效果，很重要的一点是懂得共情，即能设身处地体会他人处境、感受，从而感同身受地理解他人的心情。共情的基本方法就是在沟通交流、分析讨论的时候，站在他人的角度去感受、分析和理解人或事的具体情况。简单地站在自己的角度，容易导致主观臆断、自以为是，一方面难免有失客观、全面；另一方面同交流对象之间因为看问题的角度不一致，很难达到同频共振，继而难以进行有效沟通，难以真正达到形成共识、解决问题的目的。当然站在他人的角度并非完全失去自己的主观立场和原则，失去自己的基本认知和观点，一味地人云亦云、牵强附会，而是多了一个看问题的角度让自己认识问题更客观、更全面，多了一个与交流对象更好达成共识的通路。

三是多把自己放在较低位置。与人沟通交流时，要注重交流过程中要目视对方、注意倾听、不要随意打断他人讲话等方法和技巧，把自己放在较低位置可以取得更好的交流效果，特别是面对下属、晚辈和年轻者更是如此。把自己放在低一点的位置，有利于营造一种宽松和谐的交流氛围，让交流对象感到轻松，交流的时候可以放松心情、直言不讳，不至于半吞半吐、遮三瞒四、转弯抹角。不管是面对下属、晚辈还是年轻者，把自己放在较低位置是一种谦虚、一种诚意、一种平等友好的姿态，会让人感觉受到基本的尊重和信任，对方自然会更愿意积极交流，在交流中少讲套话、多说真话实话。将心比心，如果我们同一个高高在上、自以为是的人交流，内心肯定少不了抵触、防范，如此这般的交流会有什么交流效果呢。

沟通交流是人们学习、生活和工作中不可或缺的，也是一个人的基本素质和能力，对有效沟通的学习、锻炼和交流能力的提升，对于每个人都非常重要，并且需要持之以恒。重视多从肯定的角度切入、多站在他人的角度、多把自己放在较低的位置，沟通交流就会有更好的效果。

三、系统化工作

关于工作方法的研究和实践，可以说非常丰富。针对团队建设过程中和企业经营实务中比较突出的问题，笔者结合多年的工作实践，试图换角度研究面对、思考和解决问题的思路与方法，总结出系统化工作模式——简化、深化和实化工作法，即通过把问题简化、深化和实化，分析理清问题的关键、解决问题的路径并系统解决问题。

（一）"简化"

"简化"即将复杂问题变得简单化。方法一，把问题的相关方面分出层次。一件事情一般都由若干个层面的问题构成，研究和分析问题首先要学会将问题分层，然后要在同一层面讨论问题，这样便于找到问题的关键点。写文章需要逻辑清晰、结构完整、概念准确，分析问题也是如此——问题分层的关键就是梳理清楚问题的逻辑主线、问题结构和问题内涵（问题的定性）。方法二，逐步理出自己分析问题、解决问题的"通用工具"，或者说自己分析、解决问题的基本逻辑。解决问题犹如开锁，由于不同问题的底层逻辑不一样、实际情况也不尽相同，所以面对不同的问题需要不同的钥匙。我们解决问题就有两把钥匙，一把专用钥匙（专业分析、专业工具、专业软件等），一把万能钥匙（逻辑分析方法、管理工具）。所有问题（锁）有共性，也就有能开各种锁的万能钥匙，比如"5W模型""SWOT分析"都属于万能钥匙。掌握并娴熟使用一些通用工具，对于形成自己分析问题、解决问题的逻辑主线非常重要，将复杂问题简单化是分析问题、解决问题的思路，善于把复杂问题简单化更是分析问题、解决问题的能力。

（二）"深化"

"深化"即系统、全面、深入。围绕相关工作进行系统调研，全面安排和深入实施准备，通过深入细致形成系统完整的解决方案。首先要真正解决问题，或者说问题的解决要达到一种状态，必须通过较长时间的努力对相关问题进行系统深入的思考研究，把问题的有关方面研究清楚、想透了——"是什么、为什么、做什么、做什么样"，不可浅尝辄止，盲目而为。其次根据相关工作的客观规律，结合实际情况制定形成系统完整、可操作的工作计划或解决方案，系统安排"什么时间做、什么地点做、谁做、怎么做"，不打无准备之仗。再者，全面组织实施工作方案，竭尽全力坚持不懈，不达目的决不罢休。系统、全面、深入不仅是分析问题、认识问题的思路，也是解决问题的方法。

（三）"实化"

"实化"即务实、落实和坚持。务实是一种意识、观念和精神，着重于讲究实际，致力于实在的或具体的事情，笃定从实际出发、实事求是，杜绝假大空，这对于问题研究、计划安排和工作推进都非常重要。落实是所有工作务必落到实处，无论是调查研究、工作计划与方案编制，还是计划执行与方案实施，不可人浮于事，必须脚踏实地、分清轻重缓急地落实到位，即使遇到困难也必须想方设法、千方百计予以解决。调查研究是基于实际情况的了解和判断，计划和方案设计是解决问题的方法选择和安排，判断和选择之后重要的就是围绕问题解决、目标达成的坚持。任何事情从调研、计划、实施到目标达成绝非一朝一夕之功，需要一个过程，而且也不太可能都一帆风顺，需要实施者克服困难，坚持不懈。务实也好，落实也罢，重要的是需要坚持，坚持体现了务实，也只有坚持才能落实。

关于工作思路与方法的研究与实践，是每个人不可能回避，甚至是需要持续进行的课题。不同的人有各自分析问题、解决问题和达成目标的方法和门道，围绕简化、深化和实化的系统化工作模式仅仅是其中之一，是否能同"5W模型""SWOT分析"一样成为分析问题解决问题的万能钥匙，更多还取决于解锁人自己的理解和认识。

四、"把水烧开"（努力把事做成）

把水烧开就是在一定时间，采用一定方式，投入一定燃料（资源），将一定数量的水烧至100 ℃（不考虑海拔因素）沸腾。就烧水而言，沸腾为极。我们做事就像烧水，把事情做成、做好、做到完美就是"把水烧开"。

用烧水论工作之逻辑姑且称之为"烧水论"，有两个假设：一是有条件（相关资源）、有能力（技术手段）将水烧开；二是主观想把水烧开。在这两个假设条件下，如果水没有被烧开，问题何在？正如我们有能力把事情做得很好（或者说个人有条件发展得很好），同时也想把事情做得很好（或者说个人也希望有很好的发展），可往往事与愿违——就是没有把事做好。没有把事做好喻之为没有"把水烧开"。

"烧水不开"，究其因：除了事先的整体考虑与安排，一则投入（燃料等）不充分，二则方法（工具等）不妥，三则坚持不够（半途而废），所以水温达不到沸点而不能烧开。虽然每壶水烧到 80 ℃、90 ℃，甚至 99 ℃，但不到 100 ℃就是没有烧开。

我们成天忙着各种各样的事务，然而并不是每个人、每件事都那么顺利，都能达到做事必成的状态。做事不成究其由，与烧水不开同理，可能事先缺乏周密的调研论证和实施计划的系统筹划、过程投入和下功夫不够（没有全力以赴、想方设法）、耐心不够（遇到困难缺乏坚持与忍耐），自然很难将事做到一种理想状态。就像水烧到 99 ℃ 一样，只欠一把火，终为憾事。如果一事不成，可以总结、改善方法；如果事事不成（大概率），就值得反思、梳理思路；假若一世不成，可能就不仅仅是思路和方法本身的问题了。

如何谋事、怎么做事、真正成事，需要我们每个人身体力行思之、践之、悟之。在"99+1"中，做到"99"本不容易，做好"+1"那就更难，难但并非不可能。我们希望卓越、追求成功，但没有攻克"+1"的精神，没有追求完美之心、付出力求完美之力、笃定坚持不懈之志，也是万万不可能的。

把水烧开是一种能力，也是一种态度，更是一种精神。做事、成事，其理同然。

五、借力做事（借力发展）

每个人在成长过程中，面临实际问题、具体任务、成长机会、发展目标，都不可避免地存在自身能力的不足、资源有限，因此不能单打独斗、勉强维持，需要通过一定的方式，借他人之力以帮助自己解决问题、完成任务、捕捉机会和达成目标。其"力"总而言之为能力、实力，具体包括物化和非物化的外在资源、内在的知识、经验和智力等。无论个人、团队还是企业的能力和资源相对不足是常事，要谋求更好的生存与发展，需要争取更多的资源、把握更好的机会，必然需要借力。从小处说，借力是一种团队意识、协作精神；从大处说，借力是一种基于"开放合作，资源整合"的发展观。

懂得借力，更需要研究如何借力。一是需要根据自身的实际需求研究借力的结构（智力、能力、资源或人脉、渠道等）与要求（解决什么问题）。二是研究借力结构与要求研究借力对象，寻求可借、能借之力。三是研究借力的方式，内部而言，团队组建、沟通交流、合作机制建立、专题讨论等等都是有效的借力方式；外部而言，开展广泛的学习培训、合作交流、引入专家和专业机构、同外部机构的商务或股权合作等等都是借力发展之道。开放合作、资源整合的本质就是相互借力。

有一种重要且特殊的借力，就是争取领导资源。何为"领导资源"？领导的时间、精力、指导意见、具体支持及相关政策下的资源调配和影响，可以成为推进具体工作的一种重要资源。善于争取领导资源是借力做事，尤其是重点工作开展的借力方式。当然借领导之力也是有条件的：一是所做之事够重要，需要争取领导资源（必须是领导关心的"大事"）；二是所处阶段时点紧急且重大，必须动用领导资源（工作进展、效果进展到一定的状态、遇到特殊重大问题）；三是具体的场景安排适合借助领导资源（注意时间、场合和方式的安排恰如其分）。

我们每天都在做很多的工作，如何积极主动地去争取更多更好的领导资源，借领导之力以推进我们的工作和事业发展，应当深入研究和不断实践。争取领导资源、借领导之力，是思维模式的重要转变。如果心理上将领导拒之在外，自己（或团队）难免陷入"孤军奋战"，总是在比较被动地接受任务、接受监督或检查、汇报工作进展或交差。在借力的思维模式下，领导便成为了特殊的团队成员，领导资源和领导之力则是工作推进和完成任务不可或缺的重要支撑。

重视研究充分借助这些特殊领导资源的领导之力，帮助推动自身工作开展和事业发展，是任何一个企业建立借力发展模式的重要路径。

好风凭借力,送我上青云。一个人、一个公司、一个组织的生存与发展无一例外需要借力,无时无刻不在借力,如何借到力、借好力,却是永恒的课题,需要不断探索、长期实践。从某种角度讲,无论是个人、团队还是机构,借力思维、借力能力、借力水平决定了其生存与发展的状态。借力发展既是世界观,也是方法论。

综上,用心做事、善于沟通、系统化工作、"把水烧开"、借力做事是谋事、做事过程中需要重视的五个方面,也可能成为帮助自己做事、成事的五把钥匙,当然能不能打磨好、用得好,完全取决于我们自己对"谋事在人,成事也在于人"的认识、坚持和笃定。

第四节 个人基本能力结构

一、个人基本能力结构内涵及相互关系

一个人的能力从不同角度分类可以形成不同的能力结构，不同的年龄阶段也有不一样的能力结构。然而从一个特别的角度——一个人的基本能力分析，不同的人、不同的年龄阶段都具有相同的基本能力结构，即"想""说""写""做"。

每个人通过基本的教育、学习和训练，都具备"想""说""写""做"四个动词所代表的基本能力（可以说是个人基本功），延伸成为思维、语言、写作和做事能力。"想""说""写""做"的不同组合与侧重，会形成截然不同的个体能力结构与个性特征，也是每个人谋事、做事、成事的核心能力所在。有的人善于思考、创意、策划，思维能力强、擅长谋划；有的人具有语言天赋，喜欢交流、擅长沟通；有的人文字功底深厚，乐于文字工作，擅长著述、方案编写；有的人动手能力强，擅长工程技艺。当然，"想""说""写""做"并非仅仅局限于各自简单的字面狭义，更多的是"研究谋略策划""沟通交流展示""设计架构编制"和"组织协调实施"。

每个人的成长与进步受到自身的基本面、努力程度，以及各种外部因素的影响，能力强弱也与所学的专业知识、各种历练的积累相关，然而无论行业、职业、专业的差异，甚至职务的高低，都不同程度地折射出"想""说""写""做"四个基本能力所给予的支撑与影响，甚至成为个人成就或相互竞争的一个共同点。换句话说，个人成长过程的机会争取、竞争优势乃至个人成功一定程度上取决于个人的这四个基本能力。看上去十分简单的"想""说""写""做"，既是个人基本能力，也是个人能力结构，更是个人能力特征或标志，似乎还隐含着做事成事的哲学，不可小觑。

"想""说""写""做"是相辅相成的，互为条件、相互协同、相互融汇、相互支持。"想"（思维能力）是人的核心能力，不思、不想何来思想，不会思、不会想（思维混沌、思路混乱、逻辑不畅）或胡思乱想无法形成有价值的思路、

主张和观点，不可能成为思路清晰、有思想、有主见的人。"说"是思考内容的语言表达方式，没有思想、没有主题的"说"则没有内涵、主张和观点，甚至于胡说八道；虽然很有思想，也有主见，但不善言辞、不会"说"，就像茶壶里煮饺子——肚子里有货倒不出来，再好的观点和想法也不能让人理解和认同。能说，更要会说，真正会说者善于选择时机——恰合时宜，把控分寸——恰如其分，不随意夸大，不把话说得过满、说得过早，要给自己留余地。"写"是把所思所想系统化、方案化的书面呈现（语言交流之外的另一种交流方式），写成的文章是经过深思熟虑、广泛沟通交流、准备付诸行动的文字载体。不同的文章要遵从不同的规范和要求。"做"是把设想和方案付诸实施达成预期目标的过程，谋事重要，做事更重要。当然，没有想好、安排好的行动是盲动，不可取。总之，"想""说""写""做"既有前后的逻辑顺序、明确的责任内涵、具体的内在要求和底层逻辑，又相互协同、相互融会和相互支持，不管从事什么、无论承担什么，都要努力做到有思想、善交流、方案化、强执行。

二、个人基本能力结构特点及影响

人人做事都需要统筹、兼顾好"想""说""写""做"，人们常说谋定而动、三思而行，不无道理。我们做任何事情，首先要"想"，进行系统深入的思考，研究"是什么？为什么？能不能？什么时间、地点？谁来做？做成什么样？"等等，以形成比较系统完整的思路和方案。有了思路和方案必须进行必要的沟通和交流（即"说"），以统一思想、达成共识，争取更多的理解和支持。"说"的过程除了沟通交流，也是方案不断完善的过程——通过交流征求更多的意见，同时还为方案实施做积极的、必要的铺垫。有的时候通过"说"也让自己进一步发现问题所在和更加明确所"想"。在思考、交流的基础上，进一步将"想"和"说"的东西写成文字方案作为后续交流、论证、审批和实施的依据。万事齐备、条件成熟时则启动"做"，"做"重在执行和落实，将方案变成现实、达成预期目标，要真正做成做好则需要坚持不懈。"想""说""写""做"于谋事做事有先后顺序，但并非简单的、一成不变的先与后，很多时候有交叉，需要反反复复、相互融会。

金无足赤、人无完人，于"想""说""写""做"需要统筹能力、综合素养，更需要形成鲜明的个性和自身能力特点。基于资源有限性和能力差异性的客观存在，每个人虽然需要统筹兼顾"想""说""写""做"四个方面的能力提升和综合素养，但能够做到各个方面都十分突出的人少之又少，所以在强调四个方面统筹能力和综合素养的同时，更需要结合自己的性格特征、兴趣爱好、教育基础、成长积累等，着重培养、训练、实践以形成自己所长，或"想"（善谋）或"说"（善辩）或"写"（善著）或"做"（善行），争取在一个或两个方面形成自己的能力优势和标签性特点。与其四个方面都差不多、没有明显优势，不如抓住主要矛盾，集中力量攻一点，在某个方面建立绝对优势、形成鲜明特色。集中有效资源、倾全力，做自己最适合的，做成自己最擅长的。

"想""说""写""做"是一个人的基本能力结构，也是一个人职责履行、参与竞争、成长发展之重要基础，某种角度讲"想""说""写""做"的基本能力决定了一个人的当下与未来，似乎任何人、任何事都难离其宗，无论学历、职位、职业尽皆如此。

三、个人基本能力结构优化与能力提升

上面从"想""说""写""做"这个维度分析了一个人的基本能力结构、特点，以及对于每个人的作用和影响。每个人在世上走，就是凭借自己的"想""说""写""做"能力在支撑各种竞争和打拼。那我们又依靠什么来支撑、怎么提升自己的"想""说""写""做"这种显性能力呢？

分析每个人的学习、生活、工作、社交过程，从中可以找出每个人相同的、共性的东西，那就是我们的所有过程、所有经历、所有努力，无论是主动的还是被动的，无论是主观的还是客观的，无论是显意识还是潜意识的行为，无不是围绕"三个积累和一个提升"而展开，即知识、经验和资源的积累，综合素养和能力的提升。而这"三个积累和一个提升"正好是"想""说""写""做"的基本营养和动力源泉，正是因为"三个积累和一个提升"帮助"想""说""写""做"的绝对能力水平的提升和能力结构不断改善和优化。从这个角度讲，人生的所有过程和经历，本质上讲其实都在围绕知识积累、经验积累、资源积累和能力提升，进而实现"想""说""写""做"基本能力结构的优化和

能力水平的提升。

  知识积累是"想""说""写""做"基本能力形成的重要支撑。知识可以分为很多类型，比如事实性知识、概念性知识、程序性知识和元认知知识；如自然知识、社会知识和思维知识；如常用知识、通用知识、专业知识等。不同的知识积累方式方法也不尽相同，总体而言，知识的积累主要靠学习和实践，以各种方式的学习为主、实践验证为辅。每个人要针对具体情况进行学习内容和方式的结构性安排，保持终身学习。当然，不同的职业、不同的工作和生活方式，对学习的要求也不尽相同。知识的积累和知识结构的改善对任何一个人的"想""说""写""做"能力提升的支撑作用和重要性，是不言而喻的。

  经验积累是"想""说""写""做"基本能力形成的重要方面。经验是人们从各种实践活动中获得的知识和技能，是人们在同客观事物接触过程中获得的关于客观事物的现象和外部联系的认知。任何人做事有一种重要回报便是经验，这是最有价值的东西。经验是由人生经历总结而来，实践是认识的来源，知识是人类对物质世界以及精神世界探索的结果总和及经验的系统固化，将经验与知识结合，于人生经历中灵活运用所学知识，便可最大限度地激发潜能、展现能力。对于个人"想""说""写""做"的能力提升，经验的积累与知识的积累具有同样的价值和作用。

  经验是个性化的、持久的积累；知识是理论性的系统总结。对于处理新问题或复杂问题的情况，知识和经验都重要；对于一个恪守自身处世原则的人来说，经验比知识更重要；对于一个不断突破提高自身能力的人来说，知识更重要。对于一个具有较高智慧的人来说，其会平衡知识增长和经验积累的关系，使得知识与经验形成互动，知识和经验的重要性一样。人类文明突进而言，知识与经验是互为补充、互相转化的两个方面（知识是固化的成果，经验是运动的信息）。

  资源积累是"想""说""写""做"基本能力形成的重要条件。资源可分为自然资源和社会资源两大类。前者如阳光、空气、水、土地、森林、草原、动物、矿藏等；后者包括人力资源、信息资源以及经过劳动创造的各种物质财富等。就个人而言资源包括特长和技能资源、职业资源、人脉资源、区域资源等。企业经营的实质是资源经营，个人的成长与发展也可以说是资源的积累与经营。一方面个人成长与发展，个人"想""说""写""做"基本能力形成都离不开一定的资源条件，另一方面个人成长与发展的重要标志与成果就是资源积累。资源的积累对"想""说""写""做"基本能力结构优化和能力提升也具有非常重要的意义。

能力提升是"想""说""写""做"基本能力形成的重要保障。个人能力包括想象力、记忆力、观察能力、联想能力、组织能力、沟通能力、领导能力、创新能力、学习能力、号召能力、适应能力等。每个人在其学习、生活、工作和社交过程中，在进行知识、经验、资源积累的同时，也通过知识、经验和资源的运用转化个人的各种能力，成为个人的综合性素养。个人的各种能力及综合素养同个人"想""说""写""做"基本能力有着密不可分的关系。一方面，个人的各种能力及综合素养表现为内容，"想""说""写""做"基本能力更多表现为形式；另一方面，知识、经验和资源的积累需要转化为个人的各种能力和综合素养，为个人"想""说""写""做"基本能力结构改善和能力提升提供支撑，个人"想""说""写""做"基本能力结构改善和能力提升反过来又为知识、经验和资源的积累、各种能力和综合素养提升创造更好的条件。

综上所述，"想""说""写""做"是一个人的基本能力结构，也是一个人职责履行、参与竞争和成长发展的重要基础。人生的所有过程和经历，本质上讲其实都在致力于知识积累、经验积累、资源积累和能力提升。围绕"想""说""写""做"的基本能力结构优化与能力提升，致力于"三个积累和一个提升"，是个人成长与团队建设不可忽视的重要维度。

第五节 三层职能结构模式

——基于岗位层级职能定位的团队建设新思路

团队横向与纵向职能分工与结构关系如何设计更合理、更高效？一个团队成员如何更加清晰自己在团队所处的方位、职能以及相互关系？本节从实践出发提出基于作业、管理与经营的三层职能结构模式，希望对于加强组织管理、团队建设及团队成员的自我管理与成长，具有一定的引导意义。

一、关于公司财务工作的层级职能思考

在过去工作过程中，笔者涉及公司财务相关工作，笔者虽然是一名非财务专业人员，但还是少不了对公司财务相关问题的思考，尤其是公司财务职能层面的研究。笔者按照自己的理解，将公司财务从职能层面分为会计核算、财务管理和财务经营三个职能层级。

（一）最底层的"会计核算"

其职能同《会计学原理》对会计职能的定位——反映和监督高度相似，会计核算的职能重点是根据公司会计核算制度要求的工作规范建立、会计核算团队建设、会计核算相关工作开展。这是公司财务工作的底层支撑，也是企业经营管理活动开展的重要基础。

（二）中间层的"财务管理"

其职能重点是根据《中华人民共和国会计法》及其相关法律法规推进公司财务管理制度体系建立（包括会计核算制度体系）、财务管理团队建设（包括但不限于会计核算团队），以及财务工作组织管理（通过价值形态对公司资金运动进行决策、综合性管理计划和控制）。财务管理是围绕筹资活动、投资活动、资金运营活动和分配管理组织企业资金活动、处理企业同各方面的财务关系的一项经济管理工作，是公司运营管理的重要组成部分，核心是为公司经营活动开展提供支撑、保障和服务。

(三)最高层的"财务经营"

其职能重点是组织开展公司价值管理、公司财务治理、财务战略、全面预算管理、风险控制、业绩评价、财务资源与资本经营。财务经营职能的核心是强化公司财务资源内涵(有形的与无形的、物化的与非物化的、内部的与外部的、存量的与增量的各种财务资源),结合公司总体发展战略与目标,围绕财务资源开展财务经营活动,目的是促进公司经营升级和效益倍增。当然开展财务经营不仅需要确立相关理念,还需要具备相应的条件。

二、对技术经纪人的层级岗位职能解读

随着科技成果转移转化不断推进,技术经纪人在推动我国产学研结合、促进科技成果转化中发挥了积极的作用,成为加速科技成果转化的"催化剂"。技术经纪人是一个对从业者从业知识、从业能力和从业资源要求比较高的职业。

2020年3月,科技部火炬中心编制完成并发布了《国家技术转移专业人员能力等级培训大纲》(试行)。大纲融合新形势下我国科技成果转移转化的新模式、新特点,注重理论与实践相结合、国内与国际相结合,突出科学性、系统性和实用性,所列内容既包括不同层次技术转移从业人员应知应会的知识结构、经纪实务、案例实操等培训课程,也包括提升技术转移从业人员知识素养的扩展性选修课程,为分类评价技术经纪人、引导技术经纪人职业化发展方向奠定了基础。

笔者结合近几年来参与技术经纪人培训的思考,引入财务低、中、高职能结构思路,试图对技术经纪人的职能定位从"作业、管理和经营"进行结构性解读,希望有助于深度理解技术经纪人不同层级的定位和要求。

(一)初级技术经纪人

学习的课程包括公共知识模块、政策法规模块和实务技能模块共三大部分,内容涉及技术转移的一般知识、相关科技法律政策知识和金融知识等内容。初级技术经纪人的核心定位在于基于技术经纪的应知应会和基础技能(作业),着重于"会干"。

（二）中级技术经纪人

学习的课程在初级技术经纪人的基础上，增加实务技能模块，包括科技成果转化、专利申请和市场运作等知识内容。中级技术经纪人的核心定位不仅是知识、技能的提升和拓展，包含更会干的同时还能组织带领团队干，即赋予了组织管理的核心职能。

（三）高级技术经纪人

学习的课程在初级技术经纪人和中级技术经纪人的基础上，加上实务技能模块三和能力提升模块，包括商业运作、知识产权运营和财会金融等知识内容。高级技术经纪人的核心定位应该突出运作、运营，也就是赋予了技术经纪资源整合与经营的更多职能。

三、"三层职能结构模式"的内涵

从会计核算、财务管理、财务经营形成的低、中、高职能定位，到初级技术经纪人、中级技术经纪人、高级技术经纪人对应的结构性职能解读，对技能型或专业型职业按作业、管理与经营由低到高分层级进行职能定位，进而形成基于作业、管理与经营的"三层职能结构模式"的框架思路。"三层职能结构模式"的核心是职能定位分解为以"作业、管理与经营"为主要内涵、以"低、中、高"为主要标志的结构化分层职能定位组合，需要区别作业层与管理层、管理层与经营层的职能定位差异，尤其是要重视管理层与经营层职能的划分，特别突出经营职能作用的发挥。

关于"三层职能结构模式"，可以从逻辑性、系统性和结构性几个方面深入理解职能结构模式的内涵和要求。

一是从逻辑关系上看，将不同职业的职能分解为作业、管理与经营三个层级，各层的着重点分别是单体作业和技能提升、团队作用发挥、相关资源运营，目标分别着眼于专业能力（能干）、工作效率（会干）、综合效益（干好），形成了由低到高、由个体到团队再到整体、由作业到管理再到经营的递进式逻辑关系。

二是从系统思维角度看，"三层职能结构模式"是一个三层结构系统，底层作业能力是基础和支撑，中层管理的重点通过分工、协同以实现1+1>2，上层经营的重点在机会选择、资源配置、力求整体优化，三个层面需要系统安排、相互统筹。

三是从结构化层面看，底层、中层和上层是基于职能定位的总体结构，同时每个层面也具有各有侧重的结构化特征——底层侧重于技能与作业，同时需要一定的管理协同；中层更多是侧重于管理和效率提升，同时需要一定的技能支持和经营理念配合；上层更多是侧重于机会、资源与运营，同时也需要管理逻辑与方法的辅助。

根据"三层职能结构模式"对职能定位的思想和观点，不妨分别对技能型职业和专业型职业的职能结构进行分析比较。先说厨师，属于典型的技能型职业，其底层的职能定位于各种菜的制作技能（作业层面），中层的职能定位重点是作为厨师长带领厨师团队（管理层面），上层的定位是厨艺资源与厨师团队的运营（经营层面），比如为若干个饭店提供厨师团队服务。再说医生，属于典型的专业型职业，其底层的职能定位于诊断治病的能力（作业层面），中层的职能定位重点是作为科主任带领医生团队与能力建设（管理层面），上层的定位是医疗技术研究、团队与能力发展、医疗资源的运营（经营层面）。

总而言之，"三层职能结构模式"将技能型或专业型职业职能分为作业、管理与经营由低到高进行分层核心职能定位，着力于"个体能力、团队协同、整体运营"，着眼于"专业（能干）、效率（会干）、效益（干好）"，作为职业或团队职能管理的逻辑思路和结构性工具，对于加强组织管理、团队建设及团队成员的自我管理与成长，应该具有重要的引导意义。

第六节 基于概念、逻辑和结构的三维工作法
——关于分析问题、解决问题的结构性思路

一、基于概念、逻辑和结构的三维工作法的内涵

概念、逻辑和结构，应该是人们耳熟能详的三个普通词。概念是人类认知从理性上升到感性的过程产物。把人们所感知事物的共同本质特点抽象出来并加以概括即形成概念。其既是思维活动的结果和产物，又是思维活动的载体。概念有内涵和外延，即其涵义和适用范围，人们通常通过词或词组的语言形式来进行表达。逻辑一般分为狭义和广义，狭义逻辑即指思维形式和规则；广义而言，逻辑是事物的客观规律性，即某种理论、观点、行为方式以及逻辑学科。当然，逻辑普遍是指思维的规律和规则、论证和思维的规范，意在思维方式的逻辑性，表现在思考问题、分析问题、阐述问题、文章撰写的逻辑性强弱。结构是组成整体的各部分的协调搭配和合理安排，类似建筑物承重部分的构造。

概念、逻辑和结构因为其客观存在性，在对具体问题的分析和解决过程中，其相关要素无一例外都会有所涉及。正因为如此，很多年来，笔者一直在摸索在实际工作中和面对具体问题的时候，把概念、逻辑和结构三者有机融合起来，三个维度协同，力求形成一种分析问题、解决问题的特殊方法。通过较长时间实际工作过程中不断地思考和尝试，笔者逐渐形成了针对具体问题的分析和解决，从概念、逻辑和结构三个维度出发，将概念、逻辑和结构三者有机融合，三个维度相互协同的三维工作法。

二、基于概念、逻辑和结构的三维工作法的逻辑

基于概念、逻辑和结构的三维工作法——作为分析问题、解决问题的特殊工具，从系统论和管理学角度来讲，其核心在于对三个重要支点内涵与外延的理解和应用。第一个重要支点——概念准确，是指对于某一事物、事项、问题的定义、诠释是否准确，是什么、为什么、怎么样——这是分析问题、认识

问题、解决问题的核心基础。第二个重要支点——逻辑清晰，是指对问题的分析、论证是否符合逻辑，凡事都有其自身的特点和规律——这是分析问题、论证问题的逻辑主线。第三个重要支点——结构完整，是指基于一个整体的组成部分是否完整，事物在其基本概念和逻辑主线之下其总体和分层所包含的若干要素的必要且充分——这是分析、认识问题以及筹划和安排事情的资源基础。"概念准确、逻辑清晰、结构完整"作为分析问题、解决问题的金钥匙，以概念为核心、逻辑为主线、结构为重点，在强相关、一致性的前提下由三把金钥匙所构成的方法体系成为重要的管理工具。

三、基于概念、逻辑和结构的三维工作法的应用

例如，运用三维工作法写一篇工作总结。一是从概念维度，需要明确是谁的（个人还是机构）、什么性质（阶段性还是年度、综合性还是专项）的工作总结，明确了"概念"基础，进而进行总结的总体定性（总体怎么样）、各个方面怎么样，这是做好总结的重要基础——为总结确定基调，即"概念准确"。二是从逻辑维度，需要遵从总结性文章的基本逻辑主线——总体情况、主要成效、经验与收获、主要问题及努力方向，这就确立了总结的总体框架及分层脉络，即"逻辑清晰"。三是从结构维度，需要按照已经确定的基调（概念）、框架及分层逻辑线（逻辑）进行结构安排，总体情况、主要成效、经验与收获、主要问题及努力方向等分别由哪些"必要且充分"的要素（论点、论据、案例）构成，做到既不缺失、也不多余，即"结构完整"。文章的主题则是文章的核心概念（主旨）——是报告、总结、计划还是新闻报道或者其他，不同的文章主题决定了文章的逻辑主线差异（切忌千篇一律），文章的主要论点、论据、案例则构成文章必要且充分的核心内容。

再例如，运用三维工作法完成一个项目商业策划。一是从概念维度，需要明确项目商业策划的内涵和要求是什么，即完成项目商业计划书编制及项目商业运作方案策划，这就是项目商业策划专项工作开展的重要基础——"概念明确"。二是从逻辑维度，明确完成项目商业策划的逻辑主线包括项目调研、项目评价、项目策划和商业计划编制等工作，这亦是项目商业策划专项工作的核心思路——"逻辑清晰"。三是从结构维度，明确按照完成项目商业策划的

目标要求及逻辑主线所包含的项目调研、项目评价、项目策划和商业计划书编制等各个阶段及子项，需要开展并完成"必要且充分"的具体工作内容，这则是项目商业策划专项工作的主要内容——"结构完整"。综上所述，一个专项工作的开展，运用三维工作法从概念、逻辑、结构三个维度的系统安排和统筹协调，明确了专项工作的内涵、目标、思路及内容，将确保专项工作的系统、全面和有序开展。

"基于概念、逻辑和结构的三维工作法"作为分析问题、解决问题的特殊工具，有助于具体事务（文章撰写、专项工作开展、专项活动组织等）的高效完成。当然我们也需要结合实际情况对概念、逻辑和结构三个维度的内涵、相关关系，以及三个维度的有机融合与相互协同进行深入领会，尽可能融会贯通。

第七节　在不断的修炼中成长

全球经济低迷、俄乌战争，世界面临的不稳定不确定因素不断增加。"当今世界正经历百年未有之大变局"的宏观判断让每个人都有切身感受，世界和社会大环境对个人、家庭生活及企业生产经营的影响，变得如此直接和息息相关。

受大环境影响，一方面企业招人难，另一方面毕业生就业更难。与人口下降趋势反向而行的有两个大趋势，一是退休潮、社会老龄化加速，二是大学生毕业潮，研究生报考越来越难，就业更是难上加难。

在招人用人难、就业更难的背景下，以自我修炼为基础的个人成长与团队建设显得愈加重要。无论是基于个人成长的自动自发，还是基于团队建设的组织要求，自我修炼都是重中之重，不仅是个人成长与发展的基础，更是团队建设的重心。团队建设的核心要义就在于发现人、使用人、培养人、成就人和发展人，成为引导自我修炼、帮助个人成长与发展的重要环境和外部条件。

人生原本就是一个自我修炼的过程。一个人选择什么样的价值观、什么样的成长与发展目标、什么样的为人做事方式，成为一个人的基本人生态度和人生观，决定了一个人的状态、机会与未来。从某种角度讲，自我修炼是一种人生态度选择、一种重要的人生观。

人们常说"谋事在人，成事在天"，不过当我们做事过程真正做到了尽心尽力，真正做到全力以赴用心做事、善于沟通交流、系统化开展工作、努力"把水烧开"（把事做成做好）、想方设法借力做事，也许可以帮助我们做事、成事，身体力行验证成事也在于人。对"谋事在人，成事也在于人"的认识、坚持和笃定，就是一种特别的修炼。

由想、说、写、做构成的个人四项基本能力是一个人的基本能力结构，也是一个人职责履行、参与竞争和成长发展之重要基础。人生的所有过程和经历，本质上讲都致力于知识积累、经验积累、资源积累和能力提升。二者之间相辅相成，互为因果，互为条件，相得益彰。围绕个人四项基本能力的结构优化与提升，致力于"三个积累和一个提升"，是个人成长与团队建设不可忽视的重要维度，也是自我修炼的重要内容。

从就业角度而言，自我修炼就是就业前的积极准备，就业过程的不懈努力，如何面对就业，确立"适合的才是最好的"就业观、就业本身是一个过程、树立终身就业观，应该成为自我修炼的重要方面。

自我修炼不仅仅是一种人生观，也需要注重基于各种方法学习和工具使用。比如把"基于概念、逻辑和结构的三维工作法"的核心思想作为分析问题、解决问题的特殊工具，基于"三层职能结构模式"着力于"个体能力、团队协同、整体运营"，着眼于"专业（能干）、效率（会干）、效益（干好）"，不失为职业或团队职能管理的逻辑思路和重要的结构性工具。

创新型团队建设是我们研究自我修炼和个人成长的出发点和落脚点。基于"团队是带出来的"的基本认识，如何带团队便成了团队建设之本。带好团队核心是如何选"事"和如何成"事"，重心是如何关心帮助团队，关键是如何努力做好自己。带团队其实是围绕团队具体工作任务、阶段性目标或者组织发展愿景目标"聚人心、聚人力、聚人气"的过程。

总而言之，人生就是一个自我修炼的过程，自我修炼作为一种重要的人生观，无论是知识、经验、资源积累还是综合素养和能力提升，无论是为人做事的态度还是做事的方式方法，无论是就业观改变还是带团队的思想和办法，都是个人成长与团队建设的重要基础和内容。自我修炼永远在路上，个人也好团队也罢都在不断的修炼中成长。

后记一　感恩　感激　感谢

真的没有想过，自己会动笔记录这些文字，本来长处就不多，文字能力更是欠佳。正因为如此，下决心启动这本小册子的编写并坚持下来，需要很大的勇气，当然也经历了一个痛并快乐的过程。

2018年的时候曾想过能不能写点什么，但只是瞬间的心动而没有行动。现在这本小册子就要出版了，回想起来之所以能走到现在，得益于几件事。一是2003年在四川大学经管院（四川省工商管理学院）完成的一篇MBA论文（《国防科研院所军转民技术创新模式研究》），开启了自己对相关问题的系统学习，算是这本小册子的源头，某种意义上讲也因此支撑着之后20年的主要方向。二是2019年应邀作了一个关于技术转移的分享交流，后来根据交流PPT写成了一篇小文（《从成果转移转化向创新发展新模式转型——推进以企业为主体、市场为导向、产学研深度融合技术创新体系建设的思路》，发表于《中国科技成果》2020年第一期）。这次分享交流之后，技术经纪人培训日渐兴起，后来多次参与培训授课，引发对技术转移、成果转化和科创服务等相关问题的系统深入思考，并就不同的角度写了一些小文章。三是朋友建议开一个订阅号，把自己写的一些文章同大家分享交流。于是，2022年5月我开通了自己的个人订阅号"马侯炮"，定位于技术创新、成果转移转化、科创服务、创业投资、企业经营与创新发展、团队建设和个人成长，以及如何面对就业等相关问题的学习、讨论、分享和交流，随后陆续通过"马侯炮"发布了一些文章。"马侯炮"开通后，发现好多熟悉、不熟悉的朋友在关注、阅读和分享，甚为意外，也受到莫大的鼓励，进而激发了对相关问题的持续思考研究、文章撰写与发布分享，日积月累形成了这本小册子的素材。

从离散的文章撰写、"马侯炮"发布，到文集编辑，再经过反复打磨形成今天这本小册子，前后花了近四年时间。其间得到儿子马骁的大力支持和积极参与，他负责完成几乎所有文章发布前的审改，参与小册子总体思路与结构的讨论，初稿完成后进行了通篇整体审改（包括总体结构优化、核心观点论述、前后一致性审核、文字细节把关），以及最终稿的核改，对这本小册子的最终成稿发挥了重要作用。

由于自身知识、经验和能力的局限，写出来的这些文字不算成熟，更多是对自己经历之后的认识，很多观点也有待商榷和验证。都说"写文章"，我从来不认为文章是简简单单写出来的，如果没有30余年相关学习和工作的经历，没有经历过程的用心和思考，尤其是最近几年的分享、交流、反思和再研究，无论如何也不太可能写出这些尽管粗糙的文字，形成这些并不系统的认知。一路走来，我常怀感恩之心、感激之情，感恩幸逢中国改革开放和民族复兴这个伟大的时代，感激过去这30年里所有的老师、领导、同事和朋友们，以及各个方面的合作伙伴，我有幸得到大家各种方式的教诲、指导、帮助、支持和合作，甚至担心、质疑和反对，所有这些都是过去这30年不可或缺的重要营养，也正因为这些才让过去多少值得寻味和反思。

在这本小册子即将付印之际，我要特别感谢科技部两位老领导张景安、马彦民先生和西南财大汤继强教授的拨冗作序，感谢科服行业大咖颜明峰、丁爱华、林松、倪浩和张德震先生的联合推荐。特别感谢西南科技大学原副校长楚士晋教授长期的关心与鼓励。感谢柴劲松、邹宜君两位老同学的鼓励和帮助，感谢四川人民出版社邹近老师的专业指导，感谢西南交通大学出版社和本书责任编辑为本书的编辑、出版和发行所付出的所有努力。

最后我要感谢我的家人这么多年来给予我的各种关心、宽容和支持，尤其是要感谢我的夫人刘世英女士为了我及家人的倾情付出，在这本小册子的筹划、准备、编写过程中给予了特别的支持和鼓励，并提出了一些建设性意见。也要感谢儿子马骁由被动到主动参与，由读者到作者的角色转换，不仅为此书的成稿付出了很大的努力，也让我感受到一种特殊的慰藉。

所有的经历都是最好的安排，所有的过往皆为序章，未来的路还很长。虽然正值冬日，相信春天很快就会到来，明天一定会更好。

马　康

（2024年11月于四川绵阳）

后记二　笔耕不辍　积跬步以至千里

古语有云："千里之行，始于足下。"这句古老的箴言不仅适用于征途漫漫的长跑者，也同样适用于那些坐在书桌前、面对空白文稿的写作者们。每一本书籍，都是从第一个字开始，一点一滴地积累而成。而著书的过程，犹如跋涉千里的旅程，充满了未知与挑战，同时也是对自我极致的探求和表达。写一本书，像是一场思维的马拉松，是一次心灵的深潜，是自我探索的奇妙之旅，是知识传承的坚固桥梁，是对话历史的勇敢尝试，也是社会文化的清晰镜像。写一本书，对于许多人来说，是一种内在的冲动，也是一种对外在世界的回应。而在如今这个复制粘贴、信息泛滥成灾的时代，原创的文字表达好像已成了一种逆流而上的行为，却依旧有着不可替代的意义。

坦率讲，关于这部书作最终能成稿这件事儿，我可能自始至终都抱着嗤之以鼻的态度。其实从订阅号"马侯炮"开通之初，我就打着看好戏的小算盘，包括"马侯炮"这个名字的提议，现在想想多少也有那么一丝草率。我做过自己的订阅号，当然是抱着玩玩的心态，然后就……果不其然地停更了。我似乎从来都是一个浅尝辄止、小富即安的人，相比于对一件事物实质内核的深入探究而言，对其概念模型的基础认知对我吸引力要大得多。在我看来，一遍又一遍、不厌其烦地深挖、打磨、雕琢属实是费力不讨好的行为。直到后来一次次看着老爸向我分享不断上涨的阅读量和订阅数字时，渐渐感觉事情好像变得有趣起来了。

当老爸第一次跟我提出想要系统整理之前"马侯炮"发布的文稿并编著成一本书的时候，说实话我是没有直观概念的。鉴于曾经一段时间的办公室工作经历和有限的文字功底积累，我"勉为其难"地被委以文章审改的重任。但当200多页的文档初稿静静地展现在自己眼前时，一种无力感油然而生。200多页！！！但我渐渐发现在修改的过程中，除了一遍遍加深自己对相关知识和内容的认知和理解，也逐渐颠覆了我对老爸过去刻板的认知和理解。所谓

"故不积跬步,无以至千里;不积小流,无以成江海",感叹于他在专业领域的经验、资源积累和知识储备,也震惊于他几十年如一日对于自己从事职业的热爱和自身感悟总结、记录的坚持。不知不觉之中,我也逐渐体会到"专""研"二字的魅力。

在此我想要对老爸表示由衷的感谢。感谢您用 30 年满腔的工作热情为我所创造的一切;感谢您"费尽心思"地、"穷尽手段"地向我进行价值输出;感谢在您努力实现自我人生价值的途中还不忘捎上我。的确,纵观整个成稿、改稿、定稿的过程是漫长的,我也很有幸和庆幸能够参与到这个过程当中。时至今日,个中体会才逐渐清晰,抛开书本的内容,单就著书这件事情本身就已够我受益终身。

最后,"心中有话,纸上来",愿老爸笔耕不辍,以文字为航标,聆听内心的声音,澄清思绪的迷雾,在漫漫未来人生路中,继续书写出自己的千里篇章。

马　骁

(2024 年 11 月于四川绵阳)

参考文献

[1] [美]约瑟夫·熊彼特. 经济发展理论[M]. 何畏，易家详，张军扩，等，译. 北京：商务印书馆，1990.

[2] 柳卸林. 21世纪的中国技术创新系统[M]. 北京：北京大学出版社，2000.

[3] 鲁若愚，银路. 企业技术管理[M]. 北京：高等教育出版社，2006.

[4] 鲁若愚. 多主体参与的服务创新[M]. 北京：科学出版社，2010.

[5] 韦铁，鲁若愚. 多主体参与的开放创新模式研究[M]. 北京：机械工业出版社，2008.

[6] [美]丹尼尔·平克（Daniel H.Pink）全新思维[M]. 林娜，译. 北京：北京师范大学出版社，2007.

[7] 秦骏伦，余兆祖. 创新经营[M]. 北京：企业管理出版社，2005.

[8] 周寄中. 科学技术创新管理[M]. 北京：经济科学出版社，2002.

[9] 周寄中. 科技转化工程论[M]. 西安：陕西人民教育出版社，2001.

[10] 周寄中. 科技资源论[M]. 西安：陕西人民教育出版社，1999.

[11] 中国电子信息产业发展研究院. 美国制造创新研究院解读[M]. 北京：电子工业出版社，2018.1.

[12] [美]H.克雷格·彼得森，[美]W.克里斯·刘易斯. 管理经济学[M]. 吴德庆，译. 北京：中国人民大学出版社，1998.

[13] [美]彼德·F.德鲁克. 管理[M]. 孙耀君，译. 北京：中国社会科学出版社，1987.

[14] 迈克尔·波特. 竞争战略[M]. 乔晓东，等，译. 北京：中国财政经济出版社，1989.

[15] 迈克尔·波特. 竞争优势[M]. 夏忠华，主译. 北京：中国财政经济出版社，1988.

[16] 张占斌. 国内大循环[M]. 长沙：湖南人民出版社，2020.

[17] 魏杰. 企业哲学[M]. 北京：中国发展出版社，2005.

[18] 房西苑. 资本的游戏[M]. 北京：机械工业出版社，2008.

[19] [美]彼得·圣吉. 第五项修炼——学习型组织的艺术与实践[M]. 北京：中信出版社，2009.

[20] 曹宇红，张镝. 成为教练式的领导者——激发心理资本[M]. 北京：北京大学出版社，2012.

[21] 马康. 国防科研院所军转民技术创新模式研究[C]. 成都：四川省工商管理学院 MBA 论文，2003.

[22] 马康. 从成果转移转化向创新发展新模式转型——推进以企业为主体、市场为导向、产学研深度融合技术创新体系建设的思路[J]. 中国科技成果，2020（1）.